흘러넘치게 하라

워크북

흘러넘치게 하라

워크북

지은이 · 이규현
초판 발행 · 2014. 12. 23
등록번호 · 제3-203호
등록된 곳 · 서울특별시 용산구 서빙고로 65길 38
발행처 · 사단법인 두란노서원
영업부 · 2078-3352   FAX 080-749-3705
출판부 · 2078-3331

책 값은 뒤표지에 있습니다.
ISBN 978-89-531-2129-4   03230

편집부에서 독자의 의견을 기다립니다.
tpress@duranno.com   http://www.Duranno.com

두란노서원은 바울 사도가 3차 전도여행 때 에베소에서 성령 받은 제자들을 따로 세워 하나님의 말씀으로 양육
하던 장소입니다. 사도행전 19장 8-20절의 정신에 따라 첫째 목회자를 돕는 사역과 평신도를 훈련시키는 사역,
둘째 세계선교(TIM)와 문서선교(단행본·잡지) 사역, 셋째 예수문화 및 경배와 찬양 사역, 그리고 가정·상담 사
역 등을 감당하고 있습니다. 1980년 12월 22일에 창립된 두란노서원은 주님 오실 때까지 이 사역들을 계속할
것입니다.

흘러넘치게 하라

워크북

이규현 지음

두란노

차 례

세월이 흐를수록

더 기대되고 가슴 떨리는

신앙생활을 원하십니까?

깊은 영성과 풍성한 삶으로

당신을 초대합니다.

생명이 있다는 것은 곧 성장한다는 말입니다. 신앙도 그렇습니다. 살아 있는 신앙은 성장합니다. 신앙이 성장하고 있다면 생명을 가진 그리스도인임을 증명한 셈입니다. 그러므로 우리의 신앙은 성장해야 합니다. 성장에는 원리가 있습니다. 첫 단추를 잘 꿰야 옷 매무새가 제대로 갖춰지듯이, 영적으로 성장하려면 출발을 잘해야 합니다.

출발 지점에서 놓치지 말아야 하는 것은 기본기입니다. 영적인 성장은 순식간에 일어나지 않습니다. 신앙의 기본기를 잘 익혔을 때 자연스럽게 성장할 수 있습니다. 그리고 우리가 신앙의 기본기를 갖추고자 노력할 때 영의 세계가 열리고, 하나님이 은혜로 주시는 영적 변화를 경험하게 됩니다.

신앙의 기본기를 건너뛰고 영적인 변화가 일어날 수 없습니다. 건성건성 신앙생활을 하면 오래 가지 않아 메마른 종교인이 되고 맙니다. 기본기가 무엇인지를 제대로 알고 익히십시오. 그렇게 한 걸음씩 앞으로 나아가야 합니다.

신앙의 세계는 마른 행주를 쥐어짜는 듯한 힘겨운 싸움이 아닙니다. 신앙생활은 할수록 기대되고 즐거우며 풍성해야 합니다. 신앙생활은 형식적인 외적 활동이 아닙니다. 믿음의 대상이신 하나님과의 관계에 달려있기에 활동보다 관계가 우선되어야 합니다. 그러므로 우리는 삶의 모든 초점을 예수 그리스도께 두어야 합니다. 그리스도 안에 우리가 찾고 있는 해답이 숨어 있습니다. 예수 그리스도께 집중하면 신앙과 삶은 풍성해집니다.

"그러므로 너희가 그리스도 예수를 주로 받았으니 그 안에서 행하되 그 안에 뿌리를 박으며 세움을 받아 교훈을 받은 대로 믿음에 굳게 서서 감사함을 넘치게 하라"(골 2:6-7).

신앙생활은 내가 무엇을 하려고 노력하는 것이 아니라 하나님이 행하신 일이 무엇인가에 관심을 가지는 것입니다. 하나님이 우리를 위해 행하신 일들에 초점을 맞추면 내가 누구인지 알게 됩니다. 그러면 자연스럽게 내가 해야 할 일이 보입니다.

성장하려면 훈련을 받아야 합니다. 말씀을 보는 눈이 열리고, 영적 세계에 눈을 떠야 합니다. 십자가 사건과의 부딪힘이 있어야 합니다. 일상 속에서 하나님의 은혜와 주님의 임재를 체험해야 합니다.

기본기만 바로 잡히면 신앙생활은 어렵지 않습니다. 그리스도 안에서 풍성함을 경험하고 나면 모든 것이 쉽고 즐거워집니다. 신앙의 목표를 바로 세우고 믿음의 기초를 다져 가다 보면 영적인 비밀을 깨닫게 되고 풍성한 그리스도인의 삶을 살 수 있게 됩니다. 성장을 갈망하십시오. 변화를 위해 나를 기꺼이 주님께 올려 드리십시오. 아무쪼록 이 교재가 많은 성도의 신앙의 기본기를 다지는 일에 도움을 줄 뿐만 아니라 영적인 눈을 새롭게 뜨는 일에 기여할 수 있기를 바랍니다.

수영로교회 담임목사

이규현

교재의 활용법

1. 흘러넘치는 삶으로 초대

아무리 좋은 것도 그대로 흘려보내면 아무 소용이 없습니다. 말씀이 우리의 삶과 영혼에 머물 때 변화가 일어나고 도약의 발판이 됩니다. 이 교재는 성도들이 메마른 행주 같은 영성으로 사는 생활에서 벗어나 흘러넘쳐 풍성한 삶을 살도록 도와줍니다.

2. 40일간의 성경 공부 교재

이 교재는 40일간, 즉 한 주에 다섯 번씩 8주 동안 진행할 수 있습니다. 주어진 내용을 읽고 질문에 따라 성경 본문을 묵상하다 보면 이전에는 그냥 지나쳤을지 모를 소중한 영적 진리와 원리들을 발견하는 기회가 될 것입니다.

3. 교재의 구성

이 교재는 매일 '경건의 시간' 교재로도 활용할 수 있습니다. 이를 위해 날마다 30분 정도의 시간을 정기적으로 가져야 합니다.

▶ 각 주마다 '핵심주제'를 넣었습니다. 이를 통해 그 주에 공부할 메시지를 파악할 수 있습니다.

▶ 날마다 '읽을거리'를 정독하십시오. 본서의 '읽을거리'와 '핵심주제'는 《흘러넘치게 하라》(이규현 지음, 두란노 간) 본문에서 발췌한 것입니다. 좀더 자세한 내용을 알기 원하는 분은 이 책을 참고하시기 바랍니다.

▶ '읽을거리'를 정독한 후 주어진 성경 본문을 몇 번 반복해서 읽으십시오. 그리고 그날 주어진 질문에 대한 답을 자신의 말로 적어 보십시오.

▶ 질문은 본문 내용을 이해하는 데 도움이 되는 질문과 본문을 더 깊이 묵상하도록 돕는 질문, 그리고 자신을 돌아보게 만드는 질문으로 구성되어 있습니다. 질문을 읽고 답을 적다 보면 어느새 오늘 자신에게 주시는 성령의 음성과 깨달음을 얻게 될 것입니다.

▶ 성령의 음성과 깨달음을 근거로 나만의 묵상일기를 적어 보십시오. 자신을 돌아보며 묵상일기를 쓰는 것이 생각보다 쉽지는 않습니다. 그렇지만 솔직하게 자신을 돌아보며 일기를 써내려갈 때 더욱 분명한 주님의 음성과 깨달음을 얻게 될 것입니다.

자, 40일간 당신의 영혼을 흘러넘치게 만드는 여행을 시작해 보십시오.

Week 1

모든
것은
눈뜸에서
시작된다

새로운 삶의 시작

그리스도 안에서 새로운 생명을 얻고, 신자의 삶을 시작한 당신에게는 모든 것이 새롭습니다. 그동안 세상적인 눈, 육신의 눈으로 보았다면, 이제는 영적인 눈, 신앙의 눈으로 세상을 보기 시작했기 때문입니다.

신앙생활은 영안(靈眼)이 열려야 시작됩니다. 영안으로 보면 승리의 길이 보입니다. 승리하는 삶이란 최악의 상황에서도 최상이신 하나님을 바라보는 것입니다. 남들은 다 죽겠다고 해도 하나님을 바라보는 사람들은 관점과 전망이 다릅니다. 그 입에서 감사가 나옵니다. 무엇을 보느냐에 따라 우리 인생의 결과가 달라집니다.

Day 1

무엇을 보느냐가 중요하다

📖 핵심 구절 거기서 네피림 후손인 아낙 자손의 거인들을 보았나니 우리는 스스로 보기에도 메뚜기 같으니 그들이 보기에도 그와 같았을 것이니라(민 13:33).

📕 읽을 거리 인생은 무엇을 보느냐에 좌우됩니다. 주시하는 대상과 그 방식에 따라 삶의 향방이 달라지기 때문입니다. 무엇을 어떻게 보느냐가 그 인생의 깊이와 수준을 결정합니다.

예를 들어, 공부 잘하는 학생은 시험에 나올 만한 문제를 미리 봅니다. 하지만 그렇지 못한 학생은 시험지를 받고 나서야 봅니다. 마찬가지로 사업을 잘하는 사람 역시 다른 사람보다 한발 앞서 봅니다. 그렇다고 아주 많이 앞서는 것은 아닙니다. 조금 빨리 볼 뿐이지만 시의적절하게 사업을 잘 꾸려 갑니다.

바둑에서도 마찬가지입니다. 하수는 당장 코앞의 수만 보는 데 반하여 고수는 저 멀리 몇 수 앞을 내다봅니다. 이런 고수들은 바둑이 끝난 후에도 자기가 어떻게 두었는지를 기억하기 때문에 복기가 가능합니다. 그만큼 보는 눈이 날카로운 것입니다.

대개 탁월한 리더십을 가진 사람은 사물을 보는 눈이 남다릅니다. 인생을 지혜롭게 사는 사람 역시 눈앞의 현상뿐 아니라, 그 이면의 핵심을 볼 줄 압니다.

하지만 그렇지 못한 사람도 상당히 많습니다. 곧 죽을 길인데도 무조건 달려가는 사람이 있습니다. 우둔한 그의 눈에는 기세등등한 온갖 위험 요소가 전혀 보이지 않기 때문입니다.

이처럼 무엇을 보느냐는 인생의 무게와 깊이를 결정짓는 척도입니다. 무엇을 보느냐에 따라 인생의 수준이 달라지고, 무엇을 보느냐에 따라 죽고 사는 길이 열립니다. 사람은 오직 자신이 본 대로 따를 수밖에 없으며, 보지 못한 것을 좇을 수 없습니다.

우리는 중요한 깨달음을 얻을 수 있습니다. 오늘 나의 인생은 내가 지금껏 보았던 것들을 따른 결과라는 것입니다.

민수기 13:25-33

1 가나안 땅을 정탐한 사람들은 그곳에서 무엇을 보았습
니까?(25-29절)

_____

_____

_____

_____

2 갈렙과 다른 정탐꾼들이 같은 것을 보고도 서로 다른 평가를 내
리는 이유는 무엇 때문이라고 생각합니까?(30-33절)

_____

_____

_____

_____

3 당신은 갈렙과 다른 정탐꾼들 중 어느 쪽에 더 가깝다고 생각합
니까?

_____

_____

_____

_____

당신은 지금 어떤 눈을 가지고 자신과 세상을 바라보고
있습니까?

Day 2

영안이 열려야 시작이다

핵심 구절   제자들을 돌아 보시며 조용히 이르시되 너희가 보는 것을 보는 눈은 복이 있도다 내가 너희에게 말하노니 많은 선지자와 임금이 너희가 보는 바를 보고자 하였으되 보지 못하였으며 너희가 듣는 바를 듣고자 하였으되 듣지 못하였느니라(눅 10:23, 24).

읽을거리   신앙생활은 영안, 즉 영의 눈이 열리는 것입니다. 영으로 보는 삶은 육의 세계만을 보는 삶과는 완전히 다릅니다. 육안으로 보이는 눈앞의 세계에 갇혀 살지 않고 전혀 다른 세상을 보며 살아가는 것이 신앙입니다. 영안이 열리지 않으면 육의 눈으로만 살아가야 합니다. 시력에 따라 사물이 달리 보이는 것처럼, 영안이 열려 있는가 그렇지 않은가에 따라 서로 다르게 보입니다. 영안이 열리면 완전히 다른 인생을 살게 될 것입니다.

그런데 영안이 열리는 일은 교회를 다닌 햇수가 얼마인지, 학위가 있는지 여부와 상관이 없습니다. 교회를 10년 넘게 다니고 아무리 지성인이라 해도 영안을 뜨지 못할 수 있습니다. 신자라면 영의 개안수술을 받아 광활한 영의 세계를 향해 나아가야 합니다.

마르틴 루터는 "온 세상 만물이 다 하나님의 강대상이다"라고 말했습니다. 이 말은 하나님께서 세상의 모든 것을 통해 우리에게 말씀하신다는 뜻입니다. 이처럼 아주 작은 사물과 사건 속에서도 하나님을 만나고 경험하는 것이 바로 신앙생활입니다.

영안이 열려야만 예배자가 될 수 있습니다. 영이신 하나님께 어찌 우리의 육안으로만 예배드릴 수 있겠습니까? 오직 영의 세계가 열린 사람만이 하나님께 예배드릴 수 있고, 그 예배 가운데 하나님의 임재를 느낄 수 있습니다. 또한 영의 세계를 본 사람만이 기도할 수 있습니다. 눈앞의 현상들만 바라보는 사람은 기도할 이유가 없습니다. 자기 힘으로, 자기 노력으로 살아가도 별 문제 없이 그럭저럭 견딜 것 같아 보이기 때문입니다.

영안이 열리면 모든 것이 새롭게 해석됩니다. 삶의 지경이 넓어집니다. 하나님의 역사에 동역하는 기쁨을 누릴 수 있습니다.

묵상 하기

누가복음 10:20-24

1 하나님과 그의 아들 예수님에 대해 알 수 있는 사람은 누구입니까?(22절)

_____

_____

_____

_____

2 '보는 것을 보는 눈은 복이 있도다'(23절)는 말의 의미는 무엇입니까?

_____

_____

_____

_____

3 영안이 열려 제대로 신앙생활을 하려면 어떻게 해야 합니까?(22절)

_____

_____

_____

_____

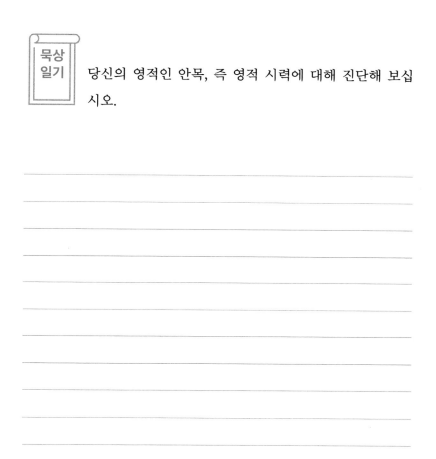

묵상 일기

당신의 영적인 안목, 즉 영적 시력에 대해 진단해 보십시오.

_____

_____

_____

_____

_____

_____

_____

_____

_____

_____

Day 3

거듭나야 영안으로 볼 수 있다

† 핵심 구절

예수께서 대답하시되 진실로 진실로 네게 이르노니 사람이 물과 성령으로 나지 아니하면 하나님의 나라에 들어갈 수 없느니라(요 3:5).

읽을 거리

영안이 열리기 위해서는 거듭남이 중요합니다. 거듭나야 하나님 나라를 볼 수 있습니다.

우리나라에서는 신자라고 밝히면 흔히 "어느 교회에 다닙니까?" 하고 묻습니다. 예수 믿는 것과 교회 다니는 것을 동일하게 취급합니다. 그러나 유구한 기독교 역사를 지닌 서구에선 좀 다릅니다. 그들은 "당신은 거듭난 신자입니까?"(Are you a born-again Christian?)라고 묻습니다. 다니는 교회가 아니라 거듭남의 여부를 묻는 것입니다.

중생의 체험이 중요하지, 직분은 중요하지 않습니다. 무슨 봉사를 하고 있느냐가 아니라, 정말로 거듭나 새로운 생명을 얻고 예수 그리스도의 십자가를 만났느냐를 확인해야 합니다. 한편 우리가 영적으로 거듭날 때는 신기한 경험을 하게 됩니다. 바로 영의 세계를 보는 능력이 생겨납니다.

다윗은 어린 시절부터 영의 세계를 보았고, 곰과 사자의 발톱에서 건져내시는 하나님을 목격했습니다. 사무엘도 어려서부터 하나님의 음성을 들었습니다. 비록 어린아이일지라도 거듭나면 영의 세계를 보는 반면, 나이가 아무리 많아도 거듭나지 않으면 하나님의 세계를 볼 수 없음을 성경이 증거합니다. 거듭나지 못해 영의 세계를 보지 못하는 것은 너무도 안타까운 일입니다.

거듭남의 은혜는 대단히 중요합니다. 성경은 우리가 예수님을 영접할 때 물과 성령으로 거듭난다고 했습니다. 우리 주 예수 그리스도의 영이 임하기 위해서는 반드시 십자가의 깊은 은혜에 잠기는 경험을 해야 합니다. 십자가를 통해 하나님과 접촉이 일어나 영의 세계 안으로 들어가면 하나님의 무한한 은혜의 지평이 열리는 역사를 체험하게 됩니다.

요한복음 3:1-7

1 예수님을 하나님께로부터 오신 선생으로 알고 찾아온
니고데모에게 예수님은 무슨 말씀을 하셨습니까?(3절)

_____

_____

_____

_____

2 거듭나기 위해서는 어떻게 해야 합니까?(5절) 예수님의 대답과
그 의미를 자신의 말로 적어 보십시오.

_____

_____

_____

_____

3 예수님을 믿기 전과 믿은 후에 달라진 시각이나 관점은 무엇입
니까?

_____

_____

_____

_____

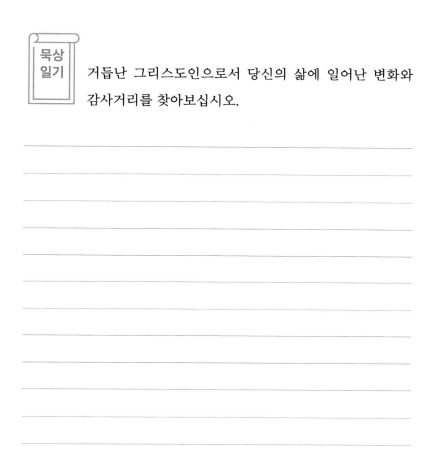

묵상
일기

거듭난 그리스도인으로서 당신의 삶에 일어난 변화와
감사거리를 찾아보십시오.

Day 4

믿음은 해석에서 차이가 난다

핵심 구절   믿음으로 모든 세계가 하나님의 말씀으로 지어진 줄을 우리가 아나니 보이는 것은 나타난 것으로 말미암아 된 것이 아니니라(히 11:3).

읽을 거리

믿음으로 눈이 열리면 모든 것에 대한 해석이 달라집니다. 어떤 일도 그저 우연히 일어난 사건이 아니라 하나님의 기막힌 섭리의 손길 아래 있다는 사실을 깨우치게 됩니다.

요셉의 삶이 대표적입니다. 요셉은 결코 눈앞의 일에 급급하지 않았습니다. 애굽의 총리가 된 후에 자신을 노예로 팔아넘겼던 형들을 만났을 때도 복수하지 않았습니다. 만약 요셉의 영안이 열리지 않았다면 어떻게 됐을까요? 아마도 총리가 될 수 없었을 것이고, 〈복수혈전〉에 버금가는 이야기의 주인공이 되었을지 모릅니다.

요셉의 눈은 과거의 상처에 머무는 것이 아니라 그를 어루만지시는 하나님의 손길에 머물렀습니다. 그는 이렇게 고백할 수 있었습니다.

"당신들은 나를 해하려 하였으나 하나님은 그것을 선으로 바꾸사 오늘과 같이 많은 백성의 생명을 구원하게 하시려 하셨나니"(창 50:20).

영안이 열리면 상황이 달라집니다. 현재의 고난들로 인해 보지 못하고 있는 것들이 많습니다. 요셉은 숨어 있는, 보이지 않는 하나님의 손길을 생생하게 보면서 탁월하게 고난을 재해석했습니다. 그것이 승리의 비결입니다.

히브리서 11장에 나오는 믿음의 영웅들은 보는 것이 달랐습니다. 다른 이들이 보지 못한 것을 보았습니다. 그들이 믿음의 삶을 살 수 있었던 힘은 바로 보이지 않는 것을 본 데에 있습니다. 노아는 방주를 짓던 120년간 모든 사람들에게 조롱과 손가락질을 당했지만, 중도에 포기하지 않고 믿음의 길을 끝까지 걸었습니다. 남들이 보지 못한 심판의 날을 미리 본 것입니다.

믿음의 눈이 열리면 오늘 우리 삶의 모든 상황을 긍정적으로 받아들이는 능력을 지니게 됩니다. 그러면 인생이 달라집니다. 원망과 불평이 사라지고, 매일의 삶에 감사가 넘쳐나게 됩니다.

묵상
하기

히브리서 11:1-6

1 히브리서 기자는 믿음에 대해 무엇이라고 정의합니까?(3, 6절)

_____

_____

_____

2 하나님을 믿는 믿음을 갖는 것과 긍정적인 삶을 사는 것은 어떤 연관이 있습니까?

_____

_____

_____

_____

3 당신의 삶에서 믿음의 눈으로 바라보아야 할 것은 무엇입니까?

_____

_____

_____

당신은 하나님을 어떤 분으로 믿고 있습니까? 자신의 말로 적어 보십시오.

_____

_____

_____

_____

_____

_____

_____

_____

_____

_____

_____

Day 5

영안으로 보면
승리의 길이 보인다

✝ 핵심 구절　무릇 하나님께로부터 난 자마다 세상을 이기느니라 세상을 이기는 승리는 이것이니 우리의 믿음이니라(요일 5:4).

읽을 거리　뇌성마비 시인 송명희 씨의 아름다운 찬송시 〈나〉를 기억할 것입니다.

나 가진 재물 없으나 나 남이 가진 지식 없으나
나 남에게 있는 건강 있지 않으나 나 남이 없는 것 있으니

나 남이 못 본 것을 보았고 나 남이 듣지 못한 음성 들었고

나 남이 받지 못한 사랑 받았고 나 남이 모르는 것 깨달았네.

그녀에게는 재물도, 지식도, 건강도 없습니다. 남이 가진 것을 하나도 갖지 못했습니다. 하지만 그녀는 원망하거나 속상해하지 않습니다. 오히려 남이 없는 것을 갖고 있고, 남이 보지 못한 것을 보았다며 감사의 노래를 부릅니다.

그렇다면 '남이 못 본 것'이란 과연 무엇일까요? 바로 하나님, 하나님의 은혜, 하나님의 역사, 하나님의 손길입니다. 하나님이 섭리하시는 영적 세계의 모든 사건과 기적을 바라볼 수 있으니 이처럼 아름다운 시가 솟아나는 것입니다. 은혜 안에서 영안이 열리면 하나님이 하시는 일들이 보입니다. 그래서 더욱 겸손하게 되고, 매사에 감사하게 됩니다. 이것은 나의 의지로 무엇을 보는 것과는 다릅니다.

승리하는 삶이란 최악의 상황에서도 최상이신 하나님의 손길을 바라보는 인생입니다. 그러면 낙심하지 않습니다. 남들은 다 꺾여 쓰러져도 그리스도인들의 입에선 감사가 터져 나와야 정상입니다. 오늘 일어난 사건이나 문제 때문에 낙심하거나 좌절하지 마십시오. 오히려 하나님께서 눈을 더 크게 열어 주시기를, 독수리처럼 창공을 날게 해 주시기를, 그리하여 더욱 높은 곳에서 더욱 넓은 세계를 조망하며 주가 주신 분별력을 마음껏 발휘할 수 있기를 기도합시다.

묵상 하기

요한일서 5:1-5

1 세상을 이기는 승리를 경험하는 사람은 누구입니까?(4, 5절)

_____

_____

_____

_____

2 하나님의 아들을 믿는 것이 어떤 점에서 승리하는 삶을 살게 만 듭니까?

_____

_____

_____

_____

3 당신의 삶에서 믿음으로 승리를 선포해야 할 영역은 무엇입니까?

_____

_____

_____

_____

불신의 눈으로 보았던 세상과 믿음의 눈으로 바라보는

세상은 어떤 차이가 있습니까?

_____

_____

_____

_____

_____

_____

_____

_____

_____

Week 2

하나님을
알아가는
즐거움보다
큰 것은
없다

하나님을 아는 삶

신앙의 타성에 빠지면 습관적으로 신앙생활을 할 뿐 그 안에서 생명력을 찾아볼 수 없습니다. 처음에는 감동적이고 흥분되는 일이었다 할지라도 세월이 지날수록 경이로움이 사라지고 타성에 젖을 가능성이 누구에게나 있습니다. 신앙생활이란 하나님을 알아 가는 여행입니다. 1년 전보다 하나님을 더 깊이 안다면 제대로 가고 있는 것입니다. 하나님을 모르면 염려가 더 쌓이지만, 깊이 알아 가면 평강을 누릴 수 있습니다. 특별히 하나님의 말씀에 순종함으로 하나님을 더 깊이 배우게 됩니다.

추상적인 신앙을 걷어내라

✝ 핵심 구절   너희는 여호와의 선하심을 맛보아 알지어다 그에게 피
하는 자는 복이 있도다(시 34:8).

**읽을
거리**   추상적인 신앙이란 구체적이고 실제적으로 알기보다는
모호한 개념만 붙잡고 있는 것을 말합니다. 겉으로는
아는 척하지만 실제로 물어보면 전혀 모릅니다. 가령 '복음'이라는
단어가 그렇습니다. '능력', '십자가', '부활', '그리스도와 함께 십자
가에 못 박혀 죽었다'는 설교를 하도 듣다 보니, 자신이 복음을 깨

우친 듯 착각을 하는 것입니다.

누가 하나님을 찾습니까? 은혜를 맛본 사람입니다. 은혜를 맛본 사람은 그 은혜 없이는 견디지 못합니다. 물고기가 물이 없으면 살 수 없듯이, 은혜를 맛본 사람은 은혜가 없으면 죽습니다. 그래서 무슨 수를 써서라도 은혜가 있는 곳을 찾게 되어 있습니다.

시편 34편 8절에서는 "여호와의 선하심을 맛보아 알지어다"라고 기록했습니다. 시편 기자는 하나님의 은혜를 '맛본다'는 표현을 썼습니다. 제임스 패커(James Packer)는 '하나님을 아는 것'과 '하나님에 대해 아는 것'의 차이를 분명하게 알려 줍니다. 그리고 그 차이가 결국 신앙을 결정하는 중대한 요소입니다.

교회 다니며 하나님에 대해 아는 것만 늘어나서는 안 됩니다. 성경 퀴즈 대회에서 1등 하는 것과 하나님을 아는 것은 다른 것입니다. 하나님을 알아가는 경험을 통해 내 삶이 변화하고, 나에게 진짜 능력이 되지 않는다면 모든 것은 헛수고입니다.

하나님을 맛보는 일은 아무리 강조해도 지나치지 않을 만큼 너무나 중요한 주제입니다. 우리가 최선을 다해 겸손하게 하나님을 배워 가고, 그분을 알아가려는 노력을 계속 기울인다면 하나님께서도 우리를 만나 주시고 그분의 깊숙한 세계 안으로 우리를 이끌어 들이실 것입니다.

묵상 하기

시편 34:8-11

1 시편 기자는 하나님을 어떤 분으로 묘사하고 있습니까?

(8, 9, 11절)

_____

_____

_____

_____

2 '맛보아 알지어다'(8절)라는 표현의 의미는 무엇입니까?

_____

_____

_____

_____

3 시편 기자처럼 당신이 경험한 하나님은 어떤 분입니까?

_____

_____

_____

_____

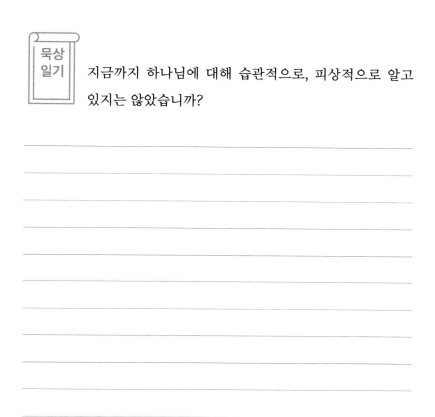

묵상
일기

지금까지 하나님에 대해 습관적으로, 피상적으로 알고 있지는 않았습니까?

Day 2

일상에서 경험하는 하나님

✝ **핵심 구절**   내가 하늘에 올라갈지라도 거기 계시며 스올에 내 자리

를 펼지라도 거기 계시니이다(시 139:8).

📖 **읽을
거리**   삶 속에서 하나님을 어떻게 구체적으로 경험할 수 있을

까요? 언제나 기본이 중요합니다. 기도하는 가운데 주

님의 말씀을 해석하고, 묵상하고, 생각하고, 기억하고,

판단하면 됩니다. 아주 작은 일이라도 그것을 하나님께 가지고 나

아가는 것입니다. 어떤 문제든지 하나님께 답을 얻고자 한다면 하

40   Week 2   하나님을 알아가는 즐거움보다 큰 것은 없다

나님을 경험할 수 있습니다. 하나님의 음성 듣기를 갈망한다면 반드시 듣게 됩니다. 고민하고 갈등하던 문제로 하나님께 답을 구하며 기도하고 있었는데 교회에 와서 설교를 듣다가 정확하게 답을 얻게 된 경험이 있을 것입니다. 어떤 때는 주일 설교 말씀을 통해 마치 나의 삶과 생각을 훤히 꿰뚫어보듯 소름 끼치도록 알려 주시는 경험도 했을 것입니다.

어떻게 그런 일이 가능합니까? 하나님께서 내 모든 것을 알고 계시기 때문입니다. 하나님은 내가 무슨 문제로 고민하는지를 아시고 내가 어느 교회에 다니는지도 아십니다. 설교를 사용하셔서 나의 문제에 대한 답을 정확하게 알려 주시는 것입니다.

하나님은 내가 오늘 아침 무엇 때문에 마음이 상해 있는지를 아십니다. 요즘 내 삶에 힘든 일들이 무엇인지를 하나님은 알고 계십니다. 하나님은 말씀 묵상 가운데 혹은 주변의 교우들과 함께 교제를 나누는 가운데 나의 상황에 딱 맞는 말씀을 통해 위로를 주시기도 하고 지혜를 주시기도 합니다.

우리는 매일 하나님을 경험할 수 있습니다. 내 생각을 아시는 하나님, 내 형편을 아시는 하나님, 내 고민을 아시는 하나님, 내 움직임 하나하나를 아시는 하나님, 내가 어디로 가는지 동선까지 파악하시는 하나님, 그래서 어디서라도, 누구를 통해서라도 내게 응답하시는 분이 바로 우리 하나님 아버지이십니다.

묵상 하기

시편 139:7-10

1 시편 기자는 하나님께서 어디에 계신다고 합니까?(8-10절)

_____

_____

_____

_____

2 하나님은 시편 기자가 있는 곳이라면 어디든 계셨습니다. 무엇 때문입니까?(10절)

_____

_____

_____

_____

_____

3 일상에서 하나님을 느끼고 만나는 것이 어떤 점에서 나에게 유익이 됩니까?

_____

_____

_____

_____

당신이 생활 속에서 만난 하나님은 어떤 분입니까?

_____

_____

_____

_____

_____

_____

_____

_____

_____

_____

이성에 갇힌 하나님

핵심 구절   하나님이여 주의 생각이 내게 어찌 그리 보배로우신지요 그 수가 어찌 그리 많은지요(시 139:17).

읽을 거리   하나님을 구체적으로 경험해 보지 않고서는 하나님을 전적으로 신뢰할 수 없습니다. 얼마나 전능하신 하나님인지 경험하지 못하면 영적 중심을 잡을 수가 없습니다. 우리는 종종 이성의 틀 안에 하나님을 가두어 두려고 할 때가 있습니다.

하나님을 우리 수준에서 안다는 태도는 만용입니다. 어떤 사람은 하나님을 배려한다는 듯이 조심스럽게 기도합니다.

"하나님, 이런 기도는 좀 곤란하시겠죠? 너무 부담스럽죠? 제가 가급적 감당하시기 어려운 기도는 드리지 않도록 하겠습니다."

하나님에 대한 오해요, 전적으로 자의적인 해석일 뿐입니다.

자신의 기도를 자세히 살펴보기 바랍니다. 우리가 이성에 갇힌 기도와 신앙생활을 하고 있지는 않은지 돌아보아야 합니다. 생각보다 우리는 하나님을 제한하는 기도를 많이 드립니다.

어떤 경우에는 "하나님, 오늘 신문에 이런 사건 기사가 났습니다" 또는 "하나님, 이런 일을 알고 계시는지 모르겠습니다"라는 식으로 뉴스 재방송하듯 기도하는 경우도 있습니다. 잘못된 기도입니다. 하나님을 나와 비슷한 수준이거나 나보다 약간 나은 분 정도로 착각하는 신앙에 머물러 있으면 안 됩니다.

하나님은 어떤 분이십니까? 하나님의 대표적인 이름이 바로 '여호와'입니다. '스스로 있는 자', '절대자', '전능자'라는 뜻이 있습니다. 무엇보다 '여호와'라는 이름 안에는 '초월자'라는 의미가 담겨 있습니다. '우리가 근접할 수 없는, 우리와는 전혀 다른 차원의 전능하신 하나님, 초월해 계신 하나님, 인간의 상상을 넘어선 천상의 하나님, 만물을 다스리시는 하나님'이 바로 '여호와'라는 이름의 의미입니다.

시편 139:16-18

1 시편 기자는 하나님의 생각에 대해 어떤 고백을 합니까?(17, 18절)

_____

_____

_____

_____

2 하나님은 당신이 만들어지기 전부터 생각하셨습니다. 이러한 하나님에 대해 제대로 알지 못할 때 겪게 될 어려움은 무엇이겠습니까?

_____

_____

_____

_____

3 내가 생각하는 것보다 크신 하나님을 경험한 적이 있습니까? 언제 어떻게 경험했습니까?

_____

_____

_____

_____

내가 생각하는 모든 것보다 뛰어난 하나님에 대해 묵상
해 보십시오.

_____

_____

_____

_____

_____

_____

_____

_____

_____

_____

_____

Day 4

최고의 여행,
하나님을 알아가는 순례

핵심 구절   능히 모든 성도와 함께 지식에 넘치는 그리스도의 사랑
을 알고 그 너비와 길이와 높이와 깊이가 어떠함을 깨
달아 하나님의 모든 충만하신 것으로 너희에게 충만하
게 하시기를 구하노라(엡 3:18, 19).

**읽을
거리**   이제 우리는 하나님을 더 깊이 알아가고픈 마음을 지니
게 되었습니다. 중요한 것은, 하나님을 더 알아가려는
열망의 정도입니다. 그런 마음을 품고 있을 때 신앙의

여행은 늘 새롭고 즐겁습니다.

"또한 모든 것을 해로 여김은 내 주 그리스도 예수를 아는 지식이 가장 고상하기 때문이라"(빌 3:8).

'그리스도 예수를 아는 지식'은 그저 머리로 아는 지식이 아닙니다. 경험으로 아는 생생한 지식을 일컫습니다. 그리스도를 아는 지식이 너무나도 고상하고 지혜롭기에, 바울은 그동안 쌓아오고 붙잡았던 모든 것을 해(害)로 여긴다고 고백합니다. 이제는 하나님을 아는 지식으로 충분하고, 만족한다고 고백한 바울의 영적 세계가 부럽기만 합니다.

신자에게 일어나는 모든 일은 단순한 사건이 아닙니다. 영적인 눈을 뜨고 보면 오늘 내 삶에서 일어나는 작은 해프닝 하나도 우연이 아닙니다. 그 일을 통하여 하나님께서 말씀하시고자 하는 뜻이 있고, 그 일을 통하여 하나님을 드러내시려는 계획이 있습니다.

우리는 어떤 자세를 가져야 합니까? 사건과 문제 앞에서 당황하거나 원망과 불평을 늘어놓는 것이 아니라 하나님을 더 알아가는 소원으로 가득 찬 신앙인으로서의 자세를 가져야 합니다.

"하나님, 이 일을 통하여 하나님이 어떤 분이신지 알기 원합니다. 하나님을 더 배우기 원합니다. 이 사건을 통하여 하나님의 음성을 듣기 원합니다."

삶의 모든 순간에서 이렇게 기도한다면, 하나님께서 우리에게 기꺼이 당신을 드러내실 줄 믿습니다.

에베소서 3:18-21

1 사도 바울은 에베소 교회 성도들이 무엇을 알고 깨닫기를 원했습니까?(18, 19절)

_____

_____

_____

_____

2 당신이 알고 있는 하나님과 그리스도에 대한 지식의 너비와 길이와 높이와 깊이는 어느 정도입니까?

_____

_____

_____

_____

3 하나님을 더 많이 알고 깨닫기 위해 당신에게 필요한 것은 무엇입니까?

_____

_____

_____

_____

우리가 구하거나 생각하는 모든 것에 더 넘치도록 역사
하실 하나님께 기도합시다.

Day 5

하나님은 당신을
드러내고 싶어 하신다

✝ 핵심 구절 내가 주께 대하여 귀로 듣기만 하였사오나 이제는 눈으로 주를 뵈옵나이다(욥 42:5).

읽을 거리 하나님을 알면 평강이 찾아올 뿐 아니라, 특별히 그 말씀에 순종함으로써 하나님을 배우게 됩니다. 배우면 알게 되고, 알면 신뢰하며, 신뢰하면 순종하는 순환의 역사가 일어납니다.

아브라함은 창세기 12장에서 처음 부름 받았을 때 하나님이 어떤 분이신지 잘 알지 못했습니다. 하나님의 인도를 받아가는 동안 시행착오도 많이 겪었고, 고비마다 실수하고 넘어졌습니다. 때론 약속을 기다리지 못하고 하갈을 통하여 아들을 낳기도 했습니다.

그러나 세월이 흐르는 동안 아브라함은 하나님을 깊이 알아가며 하나님께 순종하는 법을 체득했습니다. 그야말로 그의 뼈와 살에 신앙이 각인된 것입니다. 하나님에 대한 경험이 깊어지면서 신앙의 절정에 이르렀을 때 하나님은 아브라함에게 아들을 바치라는 시험을 거신 것입니다. 하나님은 우리를 시험하시되 우리 실력에 맞는 시험을 하십니다.

우리의 인생 여정 가운데 가장 큰 즐거움은 하나님을 알아가는 일입니다. 하나님이 어떤 분이신지, 하나님의 하나님 되심을 아는 것입니다. 우리 삶에 이보다 더 든든한 자산은 없습니다. 이보다 더 큰 기쁨과 즐거움과 여유를 주며, 이보다 더 놀라운 안식을 선사하는 일은 없습니다. 하나님은 순종하는 만큼 우리에게 계시하십니다. 순종하지 않으면 계시하실 수 없습니다. 순종하는 사람에게만 하나님은 그 모습을 드러내십니다.

그러나 하나님은 빛 가운데 역사하는 분이십니다. 공기처럼, 바람처럼, 태양처럼, 그분의 임재를 느끼지 않을 곳은 없습니다. 우리에게 가장 가까이 다가와 계시는 그분은 우리의 아버지이시고 전능자이십니다. 그분은 신실하며 약속을 지키는 분이십니다. 하나님은 우리의 '아빠 아버지'(롬 8:15)이십니다.

욥기 42:1-5

1 욥은 하나님께 자신의 잘못을 고백합니다. 그 내용은 무엇입니까?(2, 3절)

_____

_____

_____

_____

2 '귀로 듣기만 하였사오나 이제는 눈으로 주를 뵈옵나이다'(5절)라는 욥의 고백은 하나님에 대해 어떻게 알게 되었다는 말입니까?

_____

_____

_____

_____

3 하나님을 알아가는 데 순종이 중요한 이유는 무엇입니까?

_____

_____

_____

_____

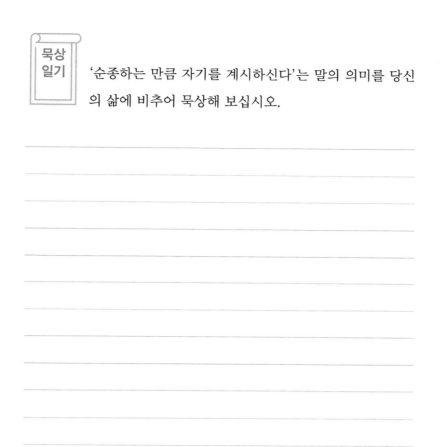

묵상
일기

'순종하는 만큼 자기를 계시하신다'는 말의 의미를 당신
의 삶에 비추어 묵상해 보십시오.

Week 3

예배에
승부를 거는
신앙은
다르다

하나님께 예배하는 삶

우리는 흔히 예배를 드린 후 "오늘 예배가 참 좋았어요. 그렇죠?"라고 인사하곤 합니다. 하지만 예배의 만족도는 점수로 매길 수 없습니다. 예배는 오직 하나님을 기쁘시게 해드리는 것입니다. 하나님은 예배받기 원하시며, 참된 예배자를 찾으십니다. 좋은 예배자가 될 때 좋은 사역자가 될 수 있습니다. 하나님을 찬양하고 말씀을 묵상하며 그분의 위대하심을 알아가는 동안 우리의 예배도 차차 깊이를 더해갈 것입니다. 이 과정을 통해 진리 안에서 예배드리며 하나님을 만나뵙는 경험을 해야 합니다.

Day 1

회복은 하나님의 사랑에 반응하는 것이다

✝ **핵심 구절** 그러나 너를 책망할 것이 있나니 너의 처음 사랑을 버렸느니라 그러므로 어디서 떨어졌는지를 생각하고 회개하여 처음 행위를 가지라 만일 그리하지 아니하고 회개하지 아니하면 내가 네게 가서 네 촛대를 그 자리에서 옮기리라(계 2:4, 5).

📖 **읽을 거리** 아무리 위대한 것이라 해도 그것과 오랜 시간 관련되어 있으면 가끔 진부하게 느껴집니다. 그것이 바로 인간의

본성입니다. 오랫동안 전셋집을 전전하다가 새집을 마련해 들어가면 얼마나 신나고 행복합니까? 처음에는 어깨를 들썩이며 집 구석구석을 쓸고닦고 이리저리 꾸며봅니다. 그러나 그 좋은 감정도 그리 오래가지 않습니다.

하나님에 대해서도 마찬가지입니다. 하나님은 언제나 우리를 사랑하십니다. 하나님은 변함이 없는 분이십니다. 하나님의 사랑은 언제나 뜨겁습니다. 문제는 변덕이 심한 우리의 마음입니다. 하나님은 언제나 한결같이 우리를 사랑하시는데 내 마음이 자꾸 변화무쌍하여 '하나님께서 나를 사랑하지 않으시나 보다'라고 생각해버립니다.

회복의 영역은 마음입니다. 마음 안에서 일어나야 합니다. 주님은 사랑의 회복을 촉구하고 계십니다. 하나님에 대한 사랑을 회복해야 합니다. 어떻게 해야 사랑을 회복할까요? "그러므로 어디서 떨어졌는지를 생각하고 회개하여 처음 행위를 가지라"(계 2:5)는 말씀에 집중할 필요가 있습니다. 어디에서 떨어졌는지 '생각하라'고 하십니다. 생각하라는 말은 기억하라는 말과 같습니다. 주님은 어디에서 떨어졌는지를 기억해 내라고 하십니다.

우리 신앙의 문제는 건망증에서 비롯됩니다. 은혜에 대한 건망증, 용서에 대한 건망증, 축복에 대한 건망증 등 영적 기억상실증이 심각한 상황입니다. 우리는 너무 쉽게 그리고 너무 빨리 잊어버립니다. 이것이 바로 죄의 특성입니다. 혹시 우리 가운데도 구원의 은혜를 잊고 사는 분이 있는지 모르겠습니다. 구원을 당연하게 여긴다는 것은 심각한 영적 건망증의 증세입니다. 당연히 영적 기억력을 복원해야 합니다. 그것이 회복으로 가는 길입니다.

요한계시록 2:1-5

1 에베소 교회는 어떤 교회였습니까?(2, 3절)

_____

_____

_____

_____

2 에베소 교회가 주님께 책망받은 이유는 무엇입니까?(4절) 주님은
　무엇을 권면하셨습니까?(5절)

_____

_____

_____

_____

3 당신에게 '처음 행위'(5절)는 어떤 모습이었습니까?

_____

_____

_____

_____

당신이 처음 신앙을 가졌을 때의 모습을 회상해 보십시오.

Day 2

하나님과의 밀애를
갈망하라

📖 **핵심 구절**　이러므로 내가 네게 말하노니 그의 많은 죄가 사하여졌
도다 이는 그의 사랑함이 많음이라 사함을 받은 일이
적은 자는 적게 사랑하느니라(눅 7:47).

📕 **읽을
거리**　주님과 나누었던 뜨거운 첫사랑의 기억과 구원의 황홀
한 경험만큼 우리를 흔들어 놓는 것은 없습니다. 주님
을 위해 죽고 주님을 위해 살고 싶었던 그때의 기억을
돌이켜보아야 합니다. 아가서에 나오는 대로, 사랑은 죽음같이 강

합니다(아 8:6). 이 죽음 같은 강력한 사랑에 빠져드는 경험을 갈망해야 합니다.

하나님과의 밀애를 경험한 적이 있습니까? 마리아는 자신의 전부인 향유 옥합을 주님의 발 앞에 깨뜨렸습니다. 여인은 깊이 사랑하는 마음으로 주님의 발을 자신의 머리카락으로 닦았습니다. 그 사랑 앞에는 돈의 수치도, 여인의 체면도 다 사라지고 오직 주님과 자신만이 남아 있습니다. 사랑에 빠지지 않고는 일어날 수 없는 일입니다. 그야말로 완전한 예배였습니다.

주님과의 관계가 깊어지면 순종의 삶은 아주 쉬워집니다. 순종은 전적으로 사랑의 힘입니다. 예배 안에서, 기도 안에서, 일상의 삶 속에서 주님과의 관계 회복을 위해 늘 애써야 합니다. 주님과의 관계가 회복되면 찬송가 한 구절을 불러도 심령이 감동됩니다.

혹시 미지근한 신앙을 품은 분이 있다면 기도와 예배의 자리에서 불이 붙는 역사가 있기 바랍니다. 자신의 영혼을 감싸고도는 하나님의 은혜가 하늘로부터 임하는 역사를 체험하길 바랍니다. 매일 새로운 은혜를 경험하며, 단 하루라도 주님 없이는 살 수 없노라고 자복할 수 있기를 바랍니다.

주님과 사랑에 푹 빠진다면 매사에 신이 납니다. 첫사랑의 회복으로 다시 한 번 하나님과 깊은 밀애에 잠겨드는 은혜가 있기 바랍니다.

누가복음 7:36-48

1 예수님의 발을 누가, 어떻게 씻어 주었습니까?(37, 38절)

_____

_____

_____

2 바리새인 시몬과 여인 중 누가 더 예수님을 사랑합니까?(45, 46절)
그 이유는 무엇입니까?(47절)

_____

_____

_____

_____

3 지금 당신과 주님과의 관계는 시몬과 여인 중 어디에 더 가깝습
니까? 그렇게 생각하는 이유는 무엇입니까?

_____

_____

_____

묵상
일기

하나님과의 밀애를 경험한 적이 있습니까? 있다면 그때를
회상해 보고, 없다면 주님과의 밀애를 간구해 보십시오.

_____

_____

_____

_____

_____

_____

_____

_____

죽고 사는 것은
예배에 달려 있다

✝ **핵심 구절**   주께 힘을 얻고 그 마음에 시온의 대로가 있는 자는 복이 있나이다(시 84:5).

📖 **읽을 거리**   예배의 중요성은 아무리 강조해도 지나치지 않습니다. 우리의 죽고 사는 것이 예배에 달려 있다는 비장한 결의를 가질 필요가 있습니다. 성경을 보면, 이스라엘의 역사는 하나님의 제단에서 드리는 제사에 의해 결정되었습니다. 예배가 무너지거나 소홀해질 때마다 이스라엘의 역사는 어김없이 파

국으로 치달았습니다.

하나님 앞에 온전히 예배드릴 때 하나님의 손에 붙잡히는 역사가 일어납니다. 개개인의 운명뿐 아니라 한 나라의 흥망이 예배에 달려 있습니다. 예배가 죽으면 그 신앙도 죽은 것입니다. 반대로 예배가 살면 그 심령 안에 부흥이 임합니다.

가정의 회복 역시 예배에서 일어납니다. 만약 가정 안에 예배 제단이 무너졌다면 하루 빨리 정비해야 합니다. '힘으로도, 능력으로도 되지 않다가 여호와의 영이 임한'(슥 4:6) 예배를 통해 놀라운 일이 일어나는 것을 볼 수 있습니다. 나의 현재 삶에 살아 있는 예배가 있습니까? 이 질문을 반드시 던져 보아야 합니다.

예배는 생명 그 자체입니다. 예배는 신자의 젖줄입니다. 예배가 끊어지면 바로 영적으로 병이 들거나 죽음이 찾아옵니다. 신자의 처음과 마지막이 예배가 되어야 하는 까닭이 바로 이 때문입니다. 우리 그리스도인은 예배에 전부를 걸어야 합니다. 예배의 자리가 가장 치열한 전투장입니다.

예배를 드릴 때 부활의 역사가 일어나고, 생명의 역사가 나타나고, 낙심과 절망이 사라집니다. 예배의 자리에 하나님의 영광이 임하면 그곳에 부흥이 임하고 모든 것이 회복되는 강력한 역사가 일어나게 됩니다.

묵상
하기

1 시편 기자는 주님의 전(여호와의 궁정)을 어느 정도로 사
모하고 있습니까?(2절)

_____

_____

_____

_____

2 그는 주님의 전에서 무엇을 하고 싶어합니까?(7절)

_____

_____

_____

3 그가 하나님을 만나고 싶은 이유는 무엇입니까?(5절)

_____

_____

_____

_____

※ 참고: "주께로부터 힘을 얻는 사람은 행복합니다. 시온을 향하여 가는 것을
사모하는 사람은 행복합니다"(5절, 쉬운성경).

가장 은혜롭고 행복했던 예배는 언제였습니까? 어떤 은혜를 받았습니까?

_____

_____

_____

_____

_____

_____

_____

_____

_____

_____

_____

영과 진리로 드리는 예배가
참 예배다

† **핵심 구절**   아버지께 참되게 예배하는 자들은 영과 진리로 예배할
때가 오나니 곧 이 때라 아버지께서는 자기에게 이렇게
예배하는 자들을 찾으시느니라(요 4:23).

**읽을
거리**   어떤 예배를 드리느냐가 중요합니다. 성경에서는 "하나
님은 영이시니 예배하는 자가 영과 진리로 예배할지니
라"(요 4:24)고 말합니다. 예배는 우리의 영이 하나님과
만나는 시간입니다. 말씀 그대로, 영으로 올리는 예배가 되어야 예

배다운 예배가 될 수 있습니다.

예배는 가장 영적인 일입니다. 내 영이 하나님을 만나는 과정은 매우 깊은 영적 세계 안에서 일어나는 내밀한 사건입니다. 그저 무심코 자리에 앉아 있다가 돌아가는 일이 없어야 합니다. 개인적인 예배든, 공적인 예배든, 함께 모여 간단히 드리는 소그룹 예배든 상관없습니다. 모든 예배는 고귀한 경험입니다. 영과 영이 만나는 시간이고, 하나의 영적인 사건입니다.

영과 진리로 드려야 건강하고 균형 잡힌 예배가 될 수 있습니다. 예배 안에서 말씀은 아주 중요한 요소입니다. 진리는 예배의 핵심 요소입니다. 참된 예배는 하나님의 말씀이 선포되는 곳에서 일어납니다. 진리에 대해 무지한 채 드리는 예배는 우상 숭배가 될 수도 있습니다. 무조건 가슴이 뜨거워진다고 해서 좋은 예배라고 진단하기는 어렵습니다. 하나님의 음성이 정확히 들려야 합니다. 하나님이 누구이신지, 내가 어떤 태도로 하나님께 예배해야 하는지를 말씀을 통해서 깨달아야 합니다.

예배의 한가운데 말씀이 놓여 있어야 합니다. 예배는 하나님의 말씀이 이끌어갑니다. 특히 내가 분석하는 것이 아니라 하나님의 말씀이 친히 임하셔서 나를 사로잡는 경험이 일어나야 합니다. 나의 열정도 중요하지만, 그것만으로는 하나님이 원하시는 진정한 예배를 드릴 수 없습니다. 하늘이 열리고 주님의 음성이 내 영혼에 들려야 참된 예배가 완성됩니다. 예배는 내가 하나님을 붙잡는 시간이 아니라, 하나님께 내가 사로잡히는 시간입니다.

요한복음 4:19-26

1 예수님을 선지자로 생각한 여인은 무엇을 물었습니까?

(20절)

_____

_____

_____

_____

2 예수님은 예배 장소가 아니라 예배자의 자세에 대해 말씀하십니다. 어떤 자세로 예배를 드려야 합니까?(23, 24절)

_____

_____

_____

_____

3 예수님의 말씀처럼 하나님께 영과 진리로 예배를 드리려면 어떻게 해야 합니까?

_____

_____

_____

_____

묵상 일기

형식적인 예배와 영과 진리로 드리는 예배의 차이를 생각해 보십시오.

_____

_____

_____

_____

_____

_____

_____

_____

_____

최고의 예배자, 다윗

✝ 핵심 구절 다윗이 여호와 앞에서 힘을 다하여 춤을 추는데 그때에 다윗이 베 에봇을 입었더라(삼하 6:14).

📖 읽을 거리 '참된 예배자' 하면 성경에서 누가 떠오릅니까? 단연코 다윗입니다. 왕이자 시인인 다윗은 그 누구보다 참된 예배자였습니다. 하나님의 마음에 합한 자라 칭함 받았던 다윗은 하나님이 찾으시던 바로 그 예배자였습니다. 다윗의 모든 영성은 예배로부터 흘러나왔습니다.

하나님의 법궤가 다윗 성으로 돌아올 때도 그는 덩실덩실 춤추며 하나님을 예배했습니다. 그는 하나님의 임재를 상징하는 법궤를 바라보면서 흥분에 빠졌습니다. 관습을 특히 중요시했던 전통 사회에서 왕이 품위와 체통을 지키는 것은 매우 중요한 일입니다. 그러나 다윗은 하나님의 임재 안에 기쁨을 이기지 못하고 춤을 췄습니다. 다윗은 홀로 열정적인 춤을 췄습니다. 완벽한 몰입이었습니다. 예배는 하나님께 완전히 몰입되는 경험입니다. 다른 사람을 의식하지 않고 그분만을 바라보는 것입니다. 그리스도인이라면 누구나 마땅히 참된 예배자가 되어야 합니다.

저는 다윗이 홀로 춤추지 않았다고 생각합니다. 이때 그의 춤 파트너는 바로 하나님이셨습니다. 하나님께서도 너무 기쁜 나머지 벌떡 일어나셔서 함께 춤추셨을 것입니다.

참된 예배자 다윗은 영과 진리로 예배드리며 예배에 목숨을 거는 사람이었으며, 관습과 제도를 뛰어넘어 하나님께만 몰두하여 예배드리는 사람이었습니다. 다윗은 하나님의 마음에 합한 자였습니다.

참된 예배자가 있는 곳엔 언제나 하나님의 능력이 임합니다. 우리가 하나님 앞에 온전히 예배드리지 않고 그분의 영을 사모하지 않을 때 세상의 악한 것들이 장난을 치고 우리에게 있는 은혜를 빼앗아 갑니다. 예배는 우리에게 주신 가장 위대한 특권이요 축복이요 빼앗길 수 없는 권리입니다. 나 자신이 진짜 예배자인지 곰곰이 생각해 보십시오.

사무엘하 6:13-22

1 여호와의 궤가 다윗 성으로 들어올 때 다윗은 어떻게
했습니까?(14-16, 21절)

_____

_____

_____

2 다윗이 그토록 기뻐하며 춤을 춘 이유는 무엇입니까?(21절)

_____

_____

_____

_____

3 당신이 다윗처럼 하나님께 몰입하여 예배를 드리려고 할 때 방
해되는 것은 무엇입니까?

_____

_____

_____

당신의 삶 가운데 역사하시는 하나님을 가만히 묵상하고 그분을 찬양합시다.

Week 4

십자가
안에서
담금질을
받아야
한다

예수 그리스도와 십자가 은혜

모든 은혜는 십자가를 통해 흘러나옵니다. 십자가를
통과하지 않고서는 하나님을 경험할 수 없습니다. 복
음을 교리적으로만 믿고 이해하는 것으로는 부족합니
다. 복음에 온몸으로 감동하며 사로잡혀 본 경험이 없
다면 밋밋하고 생명력 없는 종교적인 삶을 살게 됩니
다. 우리는 십자가에 완전히 잠겨야 합니다. 십자가 앞
에 서기만 하면, 내가 어떤 모습이고 어떻게 살았든지
상관없이 주님께서 나를 사랑으로 감싸안아 주실 것입
니다. 이렇게 자아가 죽는 경험, 용서의 경험, 사랑의
경험을 간구하면서 날마다 십자가 안에서 담금질받아
야 합니다.

Day 1

십자가 경험은 신앙의
핵심이며 축복이자 사랑이다

✝ 핵심 구절　우리가 아직 죄인 되었을 때에 그리스도께서 우리를 위하여 죽으심으로 하나님께서 우리에 대한 자기의 사랑을 확증하셨느니라(롬 5:8).

📖 읽을 거리　하나님께서 우리를 위해 행하신 가장 위대한 일은 십자가에서 드러났습니다. "우리가 아직 죄인 되었을 때에 그리스도께서 우리를 위하여 죽으심으로 하나님께서 우리에 대한 자기의 사랑을 확증하셨느니라"(롬 5:8). 십자가는 하나

님이 우리를 얼마나 사랑하시는지를 보여주는 부인할 수 없는 증거입니다.

그리스도의 십자가는 우리 신앙에서 반드시 통과해야 할 관문입니다. 십자가를 거치지 않고 신자가 될 수 없습니다. 신앙은 십자가의 경험만큼 진도가 나갑니다.

갈라디아서 2장 20절 말씀은 너무나 귀중합니다. 우리 삶에 근본적인 변화를 가져오는 열쇠와도 같은 말씀입니다. "내가 그리스도와 함께 십자가에 못 박혔나니 그런즉 이제는 내가 사는 것이 아니요 오직 내 안에 그리스도께서 사시는 것이라"는 말씀을 신자의 삶에서 늘 경험해야 함을 이야기하고 있습니다.

이것은 2000년 전의 십자가 사건을 오늘의 사건으로 받아들여야 가능합니다. 내 안에 죄로 뒤덮인 자아를 부인하는 경험을 해야 합니다. 나의 자아 중심적 삶과 욕망에 사로잡힌 내면을 십자가에 못 박는 사건이 날마다 일어나야 합니다.

여기에서 십자가 사건은 현재적이고 계속적인 경험을 하는 것을 의미합니다. 그때 '이제는 내가 사는 것이 아니고 내 안에 그리스도께서 사시는' 변화를 체험할 수 있습니다. 이때 일어나는 변화는 사람들마다 조금씩 다를 수 있지만, 분명한 것은 새로운 생명으로 부활을 경험하게 되는 것입니다. 이런 축복을 경험하기 위해서는 옛 자아를 죽이는 일이 필요하며, 이것은 '십자가 담금질'이라 표현할 수 있습니다.

묵상하기

1 그리스도께서는 누구를 위해 죽으셨습니까?(6, 8, 10절)

_____

_____

_____

2 그리스도께서 십자가에 죽으신 것이 어떤 점에서 하나님의 사랑을 확증(8절)한 것이 됩니까?(7절)

_____

_____

_____

3 우리는 십자가를 통해 하나님과 화목하게 되었습니다. 하나님과 화목한 관계란 어떤 관계를 말합니까?

_____

_____

_____

십자가를 생각해 보십시오. 당신에게 십자가는 어떤 의미입니까?

_____

_____

_____

_____

_____

_____

_____

_____

_____

_____

Day 2

나는 날마다 죽노라

✝ 핵심 구절 위의 것을 생각하고 땅의 것을 생각하지 말라 이는 너희가 죽었고 너희 생명이 그리스도와 함께 하나님 안에 감추어졌음이라(골 3:2, 3).

읽을 거리 옛 자아는 죄로 똘똘 뭉친 자아를 가리킵니다. 죄의 본성으로 가득 찬 옛 자아는 철저히 자기중심적이며 이기적입니다. 그 안에 선한 것이라곤 도무지 찾아볼 수 없는 육욕적인 자아입니다. 모든 싸움은 바로 이 지점에서부터 시작됩니다. 우리를 불행하게 살도록 조정하며, 날마다 죄를 짓고 죄책감에서 빠져나오지 못하도록 만드는 것이 바로 우리의 자아가 하는 일입니다.

옛 자아가 그리스도와 함께 십자가에 죽지 않고서는 하나님의 백성답게 살아갈 방도가 없습니다. 옛 자아의 죽음은 일회성의 사건이 아닙니다. 반복되는 경험입니다. 한 번 그 증거를 드러내고 끝낼 문제가 아니라, 우리의 삶 속에서 현재적으로 계속 진행되어야 하는 일입니다.

사도 바울은 "나는 날마다 죽노라"(고전 15:31)고 고백했습니다. 이 것이 바로 순교적 신앙입니다. 한 번 장렬하고 멋있게 죽는 것은 어떤 면에서 간단한 일입니다. 그러나 일상에서 매 순간 죽는다는 것은 그리 쉽지 않습니다. 매일 죽는 순교적 신앙을 가진 사람은 결정적 순간을 맞을 때에 믿음을 저버리지 않고 온전한 순교자로 설 수 있을 것입니다.

매일 생활 속에서 자아의 죽음을 경험하지 않는 사람은 약간 의심스럽습니다. 최후의 순간에 이르러 그는 순교자가 아니라 배교자가 될지 모릅니다. 따라서 우리는 이를 경계해야 합니다. 옛 자아가 살아서 꿈틀거릴 때마다 즉시 제압해야 합니다.

"나는 죽었다. 나는 주님과 함께 십자가에 못 박혔다." 혈기가 올라오고, 옛 사람이 되살아나 활개를 치려 할 때마다 이렇게 자아의 죽음을 선포하십시오. 그래야 그리스도께서 내 안에 들어오십니다. 자아가 죽어야 주님의 평안을 누릴 수 있습니다. 모든 갈등과 분쟁과 싸움은 바로 나의 옛 자아에서 비롯된다는 것을 잊으면 안 됩니다.

골로새서 3:1-10

1 '위의 것'이란 무엇을 말합니까?(1, 2절) 왜 '위의 것'을 찾아야 합니까?(3절)

_____

_____

_____

_____

2 그리스도로 새사람을 입은 당신이 죽여야 할 '땅에 있는 지체'(5절)의 모습에 대해 살펴보십시오(5, 8, 9절).

_____

_____

_____

_____

3 우리는 왜 옛 사람을 죽이고, 새사람을 입어야 합니까?(2, 3, 6, 10절)

_____

_____

_____

_____

오늘 나의 자아 중에서 죽어야 할 부분은 무엇입니까?

Day 3

십자가의 담금질은
용서받는 경험이다

핵심 구절   만일 우리가 우리 죄를 자백하면 그는 미쁘시고 의로우
사 우리 죄를 사하시며 우리를 모든 불의에서 깨끗하게
하실 것이요(요일 1:9).

읽을
거리

사람들이 가장 많이 애송하는 찬송 〈나 같은 죄인 살리
신〉의 가사는 '나 같은 죄인 살리신 주 은혜 놀라워'로
시작합니다. 이 구절이 가슴에 와닿습니까? 이 찬양을
눈물로 불러본 일이 있습니까? 혹시 그런 적이 없다면 회개해야 합

니다. 나를 용서해 주신 하나님의 은혜가 잘 와닿지 않는다면 신앙에 문제가 생긴 겁니다.

용서하지 못한 죄는 인간관계는 물론 하나님과의 관계도 막아버립니다. 그래서 남을 잘 용서하지 못하는 사람은 하나님과의 관계에도 어려움을 겪고 기도 생활이나 예배 생활에 치명적인 영향을 줍니다. 사실 인간관계가 힘들어지는 까닭은 사람과의 문제 때문이 아닙니다. 그것은 온전히 영적인 문제로, 하나님과의 관계가 막히는 데서 비롯된 현상입니다.

스스로의 생활을 돌아봅시다. 하나님과의 관계를 풀어야 인간관계도 풀린다면 하나님과의 관계는 어떻게 풀 수 있을까요? 바로 그리스도의 십자가 안에서 내 죄를 깊이 용서받는 속죄의 은혜를 경험해야 합니다. 더 적극적으로 십자가 앞으로 나아가야 합니다.

십자가 담금질의 중요성을 깨우치는 과정에서는 내 죄가 얼마나 심각한지를 깨닫고 자복하며 하나님께서 그 죄를 용서해 주셨음을 체험하는 단계가 필수입니다. 하나님과의 사이에 가로막힌 담을 허무는 일이 첫 번째 과제입니다.

하나님과의 막힌 담을 허무는 방법은 무엇입니까? 바로 십자가를 통해야 합니다. 좀 더 쉽게 말하면, 십자가 앞에 나아가 죄를 고백하고 깊이 다루는 시간이 필요합니다. 스스로가 하나님 앞에서 얼마나 심각한 죄인인가를 깨달아야 회개가 터져나옵니다. 아직도 이 은혜를 경험하지 못한 분이 있다면 지금 당장 십자가 앞으로 나아가야 합니다.

요한일서 1:5-9

1 본문은 하나님을 무엇에 비유하고 있습니까?(5절)

_____

_____

_____

2 하나님과의 사귐이 있는 사람은 어떤 삶을 산다고 합니까?(6, 7
절) 그런데 현실은 어떻습니까?(8절)

_____

_____

_____

3 모든 죄에서 깨끗함을 받기 위해서는 어떻게 해야 합니까?(7, 9절)

_____

_____

_____

_____

하나님과 더 깊은 관계를 맺기 위해 십자가 앞에 내려놓
아야 할 것이 무엇인지 생각해 보십시오.

Day 4

십자가를 통해
사랑의 강에 빠져보라

✝ 핵심 구절

그리스도의 사랑이 우리를 강권하시는도다 우리가 생각하건대 한 사람이 모든 사람을 대신하여 죽었은즉 모든 사람이 죽은 것이라(고후 5:14).

📖 읽을 거리

현대인들에게는 모든 것이 풍족해서 부족한 것이 없어 보이지만 중요한 것이 하나 빠져 있습니다. 바로 사랑입니다. 세상에서 사랑이란 말은 너무도 흔합니다. 누구나 어디서나 사랑을 말합니다. 그러나 진정한 사랑을 찾아볼 수 없습니다. 값싼 사랑, 순도가 떨어지는 오염된 사랑만 가득합니다. 사람들이 힘들어 하는 이유가 여기에 있습니다. 부모는 자녀들에게 온갖 좋은 것들을 안겨 주지만, 정작 아이들은 진짜 받아야 할 것을 받지 못해 힘들어 합니다. 가진 것이 많은데도 무언가 부족함을 느낍니다. 말하자면 함량 미달입니다. 사랑한다고 말하면서도 사람들은 욕구 불만에 빠져 살아가고 있습니다.

무엇으로 이 구멍 뚫린 마음을 채울 수 있겠습니까? 바로 이때, 십자가의 담금질이 필요합니다. 답답한 마음과 허한 가슴을 주님 앞에 고백하십시오. 무엇이 내 마음에 욕구 불만을 낳았는지 따져 보아야 합니다. 그 과정에서 자신의 과거를 돌아보면 답이 보일 것입니다. 자기를 성찰하고, 잘못을 용서받으며 남을 용서하는 은혜의 시간을 누리기 바랍니다.

일단 십자가 앞에 서 보십시오. 염려와 부끄러움도 다 내려놓으십시오. 하나님은 결코 우리를 내치지 않으십니다. 우리가 어떤 모습으로 왔든, 어떻게 살았든, 아무리 연약하더라도 괜찮다고 말씀하십니다. 그런 우리를 향해 하나님은 "여전히 너는 내 아들이다. 내가 너를 위하여 내 아들을 십자가에 바쳤다"고 말씀하십니다.

십자가의 넘치는 사랑이 내 영혼을 덮을 때, 우리는 다시금 새로운 인생을 살아갈 힘을 얻게 됩니다. 세상 그 무엇으로도 채울 수 없는 하나님의 사랑으로 내 영혼이 충만해질 때, 우리는 다시 일어나 앞으로 나아갈 수 있습니다.

고린도후서 5:13-15

1 사도 바울이 자신에 대해 '하나님을 위해 미쳤다'(13절) 고 말할 수 있는 근거는 무엇입니까?(14절)

_____

_____

_____

_____

2 '강권'(14절)이란 '사로잡혔다'는 말입니다. 어떻게 해서 사도 바울이 그리스도의 사랑에 사로잡히게 되었습니까?(14, 15절)

_____

_____

_____

_____

3 사도 바울과 같은 사랑 고백을 하기 위해서는 어떻게 해야 합니까?

_____

_____

_____

_____

당신은 지금 그리스도의 사랑이 강권하시는 것을 경험
하고 있습니까?

_____

_____

_____

_____

_____

_____

_____

_____

_____

_____

십자가를 붙들 때만 승리가 보장된다

핵심 구절   이와 같이 너희도 너희 자신을 죄에 대하여는 죽은 자요 그리스도 예수 안에서 하나님께 대하여는 살아 있는 자로 여길지어다(롬 6:11).

읽을 거리   우리의 신앙은 십자가 안에서 날마다 담금질 받아야 합니다. 매일 십자가 앞에서 고백하고 삶을 이끌어 주시기를 청할 때, 하나님은 기쁘게 우리를 회복시키고 치유하실 것입니다. 기도와 말씀의 시간을 두고 십자가를 묵상하십시오.

특별히 십자가와 관련된 찬양을 부르기 바랍니다. 그러면 자신도 모르는 사이에 힘을 얻을 것입니다. 예전에는 부흥회를 할 때마다 보혈 찬양을 참 많이 불렀던 기억이 납니다. 예수의 보혈에는 능력이 있습니다. 보혈 찬양, 십자가와 관련된 찬양, 어린 양을 노래하는 찬양은 강력한 능력이 흘러나옵니다. 십자가 찬양은 세상의 그 어떤 시련과 죽음의 위협도 이겨내는 능력이 있습니다.

우리의 모든 헌신과 희생의 힘은 십자가에서 나옵니다. 십자가에서 나오지 않는 것은 다 헛수고입니다. 십자가에서 나오지 않은 헌신은 아무리 열심을 내어도 자기 생각과 아집에서 나오는 것이 되고 결국은 자기 의와 자랑으로 끝을 맺습니다. 그러면 영에서 시작하여 육체로 마치는 격이 되고 맙니다.

오직 십자가를 붙듦으로써, 우리가 주님의 품 안에서 그분의 신실한 종으로 끝까지 승리하게 될 줄 믿습니다. 십자가가 곧 능력이요, 보혈이 곧 능력임을 믿으십시오. 그리고 십자가의 주님을 찬양하기 바랍니다. 항상 십자가의 주님을 높여 드리십시오. 십자가에 날마다 잠겨 들어가야 함을 기억하십시오.

십자가 안에서 자아가 날마다 죽는 경험, 용서와 사랑의 경험을 할 때 예수 그리스도와 함께 부활 영광에 참여하는 복을 누리게 될 것입니다.

로마서 6:6-13

1 우리의 옛 사람이 예수와 함께 십자가에 못 박힌 것은 무엇 때문입니까?(6, 8, 9절)

_____

_____

_____

_____

2 그리스도 안에서 살아 있는 사람은 어떤 삶을 살아야 합니까? (12, 13절)

_____

_____

_____

_____

3 '죄에 대하여는 죽은 자요 그리스도 예수 안에서 하나님께 대하여는 살아 있는 자로 여긴다'(11절)는 것은 어떤 삶을 말합니까?

_____

_____

_____

_____

예수와 함께 십자가에 못 박히지 못한 채 살아 있는 옛
사람의 모습이 있는지 돌아봅시다.

Week 5

일상의
영성에
뿌리를
내리라

영적 훈련과 성장

신앙생활을 잘한다는 것은 일상 속에 신앙이 잘 표현되고 있다는 것을 뜻합니다. 교회 안에서의 믿음이 따로 있고, 생활에서의 믿음이 따로 있는 것이 아닙니다. 믿음이 좋은 사람은 생활의 모든 영역에서 그 신앙의 빛을 비추기 마련입니다. 이런 사람이야말로 그리스도인의 귀감이 됩니다.

그리스도인은 교회에서나 세상에서나 하나님을 기쁘시게 해야 하며, 성실한 모습으로 본을 보여야 합니다. 예배는 물론 일을 할 때도 주께 하듯 해야 합니다. 그럼으로써 하나님의 임재를 나만 느끼는 것이 아니라 내 일을 통해 세상 사람들이 느끼도록 노력해야 합니다.

Day 1

영적으로 깨어 기도해야 한다

✝ **핵심 구절**   시험에 들지 않게 깨어 있어 기도하라 마음에는 원이로 되 육신이 약하도다 하시고(막 14:38).

📖 **읽을 거리**   영적으로 잠든 사람의 기도에는 깊이가 없습니다. 그 런 사람의 기도는 눈만 감고 있는 것이나 다름없습니 다. 기도에 전혀 집중할 수가 없기 때문입니다. 기도하 는 척 잡념에 빠져 있다가 갑자기 미워하는 이의 얼굴이라도 떠오 르면 그 사람 생각에 시간을 보내기 일쑤입니다. 혹은 잡념과 염려

에 사로잡혀 한숨만 푹푹 쉬다 돌아가기도 합니다. 염려와 마음의 상처로 영혼이 짓눌린 상태에서는 제대로 된 기도를 하기가 어렵습니다.

따라서 성도가 영적으로 병들었거나 죽었는지를 알아보려면 기도 생활을 들여다보면 됩니다. 깨어 기도하지 못하는 사람의 신앙은 병들어 있을 가능성이 매우 높습니다. 빨리 자신의 기도 생활을 돌아보아야 합니다. 과연 나의 신앙이 정상인지, 병들었는지 기도 생활 전반을 살펴보아야 합니다.

사탄은 사람이 많이 모였다고 겁내지 않습니다. 아무리 많은 사람이 모여도 기도하지 않는 무리는 사탄에게 위협이 되지 못합니다. 우리는 많이 모였다는 것 자체로 안심하면 안 됩니다. 사탄이 두려워하는 것은 숫자가 아니라 '깨어 기도하는 한 사람'입니다. 영적으로 깨어 있지 않으면 기도회에 참석해도 사탄에게 당하고 맙니다. 기도회에 참여한 것만으론 신앙이 보장되지 않는다는 뜻입니다. 오직 깨어 있는 영성, 뿌리 내린 영성만이 사탄에게서 자신을 보위합니다.

우리 주님은 당신 앞에 무슨 일이 다가오는지 정확히 파악하셨습니다. 그리고 기도로 준비하셨습니다. 마찬가지로 깨어 있을 때, 우리는 하나님의 인도를 받을 수 있습니다. 나뿐 아니라 내 주변에서 무슨 일이 일어나는지 알게 됩니다. 깨어 있는 한 사람 덕분에 주변의 많은 사람이 영적 혜택을 누리게 됩니다.

묵상
하기

마가복음 14:30-42

1 베드로가 자신을 부인할 것과 앞으로 다가올 십자가 죽음을 알고 계셨던 예수님은 무엇을 하셨습니까?(35, 36절)

_____

_____

_____

_____

2 제자들은 예수님이 기도하시는 동안 무엇을 하고 있었습니까? 예수님이 제자들에게 요청하신 것은 무엇입니까?(37, 38절)

_____

_____

_____

_____

3 장차 베드로는 말씀하신 대로 예수님을 부인하고 말았습니다. 이것과 깨어 기도하지 못한 것에는 어떤 연관성이 있습니까?(참고: 막 14:66-72, 벧전 5:8)

_____

_____

_____

_____

당신은 지금 깨어 있습니까? 영적으로 깨어 있기 위해
무엇을 하고 있습니까?

기쁨의 회복이 구원의 삶이다

✝ 핵심 구절   나는 여호와로 말미암아 즐거워하며 나의 구원의 하나님으로 말미암아 기뻐하리로다(합 3:18).

읽을거리   구원받은 백성의 특징은 기뻐하는 것입니다. 즐거움을 되찾는 것이 곧 구원입니다. 예수 믿는 사람은 얼굴이 밝아야 합니다. 만약 기쁨을 누리지 못하고 있다면 구원의 바깥에서 살고 있는 사람과 다를 바 없습니다.

신앙생활을 잘하는 사람에겐 기쁨이 있습니다. 같은 사역을 하더라도 기쁨으로 하는 사람이 훨씬 더 잘합니다. 이런 사람은 당할 수가 없습니다. 기쁨은 재능보다 훨씬 더 뛰어난 삶을 살게 합니다. 억지로 하는 것에는 문제가 있습니다. 인상 쓰면서 억울한 듯이 할 바에는 하지 않는 편이 낫습니다. 그것은 본인도 힘들고 남도 힘들게 하는 일입니다. 기쁨이 없으면 좋은 열매를 기대하기 어렵습니다.

신자의 주변은 모두 환하고 밝아야 합니다. 집뿐 아니라 주변 환경을 밝게 조성해야 합니다. 친구들도 밝은 사람을 만나야 합니다. 그들과 교제하며 그 온기와 빛을 서로에게 전해야 합니다. 부정적이고 어두운 사람은 가급적 피하는 것이 좋습니다. 감정의 전염은 아주 빠릅니다. 그렇기에 기쁨이 넘쳐나고 밝은 자아상을 가진 사람을 만나면 덩달아 행복해지는 것입니다.

그리스도인에겐 기쁨이 곧 살아갈 힘이 됩니다. "여호와로 인하여 기뻐하는 것이 너희의 힘이니라"(느 8:10)고 했습니다. 무엇을 하든지 기뻐하며 일을 하는 사람을 당할 자가 없습니다. 기쁨이 없다면 내가 할 일이 아닙니다. 기뻐해야 삶의 터닝 포인트가 찾아옵니다.

모두가 즐거움의 영성을 회복하기 바랍니다. 모두의 얼굴에 웃음이 가득하기를 바랍니다. 찬송이 끊임없이 흘러나오기를 바랍니다. 그러면 우리 삶의 족쇄가 풀리고, 우리의 삶을 얽어매던 불행이 사라지며, 우울증이 떠나가는 역사가 있을 줄 믿습니다.

묵상하기 🔍

하박국 3:17-19

1 무화과나무가 무성하지 못하며, 포도나무에 열매가 없으며, 감람나무에 소출이 없으며, 밭에 먹을 것이 없으며, 우리에 양이 없으며, 외양간에 소가 없는(17절) 상황이 당신에게 일어난다면 어떻게 반응할 것 같습니까?

_____

_____

_____

2 선지자가 즐거워하는 이유는 '구원의 하나님'(18절) 때문입니다. '구원의 하나님'이 어떤 점에서 기뻐할 이유가 됩니까?(19절)

_____

_____

_____

_____

3 하나님을 기뻐하는 것이 어떤 점에서 당신에게 힘이 되는지 생각해 보십시오.

_____

_____

_____

하나님으로 인해 힘을 얻었던 때는 언제입니까? 그때의
기쁨을 떠올려 보십시오.

일상의 영성으로 전환하라

✝ 핵심 구절 또 무엇을 하든지 말에나 일에나 다 주 예수의 이름으로 하고 그를 힘입어 하나님 아버지께 감사하라(골 3:17).

읽을 거리 결론부터 말하면 영성을 회복하는 핵심은 우리의 일상에 있습니다. 예전에는 성전에 가야만 문제를 해결했지만, 신약 시대로 넘어오면서 예수 그리스도로 인해 일상의 모든 영역이 다 하나님 앞에 드려지는 제물로, 제사로, 예배로 변화되었습니다. 그래서 일상의 삶이 가치를 지니게 되었습니다.

뉴욕에서 버스를 모는 한 흑인 운전기사가 있었습니다. 그는 아침마다 기도로 하루를 열었습니다. 오늘 하루 동안 자신의 버스를 탈 사람들을 위해 기도하고, 그 버스를 타는 사람마다 지성소로 초대하는 것이라 생각하며 승객 한 사람 한 사람을 축복했습니다. 그러자 그의 버스를 타는 사람마다 무언가 뭉클한 감동을 받게 되었습니다. 밝은 미소와 친절함, 따뜻한 말 한마디, 감성을 터치하는 음악 등을 통해 하나님의 빛을 느꼈던 것입니다. 승객들은 고단한 일상 중에 잠시 머물렀던 작은 버스 속에서 하나님의 임재를 체험하게 되었습니다.

이처럼 그곳은 일반 버스가 아닌 하나님의 임재로 가득한 지성소인 것입니다. 경건한 그리스도인 한 사람의 삶은 모든 곳을 하나님의 향기가 가득한 예배처로 바꾸어 놓을 수 있습니다. 우리의 진짜 예배는 주일 예배 이후부터 시작됩니다. 왜 그렇습니까? 우리 삶의 전 영역이 예배로 올려져 하나님이 받으실 만한 제물로 바뀌었기 때문입니다. 공식적인 예배를 마치고 나가는 바로 그 순간부터 일상의 예배가 시작됩니다.

우리는 언제 어디서든 하나님이 가까이 계심을 잊지 말아야 합니다. 그것을 부담으로 느끼는 것이 아니라, 든든한 배후로 여기십시오. 그럼으로써 일상의 매 순간, 집과 직장에 있을 때, 견적서를 작성할 때, 사업상 사람들과 만나 대화를 할 때, 학교에서 시험을 칠 때, 아무리 사소한 때에라도 곁에 계신 주님의 임재의식 안에서 살아야 합니다.

골로새서 3:17-25

1 '말에나 일에나 다 주 예수의 이름으로'(17절) 하는 삶이란 어떤 삶이라고 말씀합니까?(18-22절)

_____

_____

_____

_____

2 '주께 하듯' 일하는 사람과 '사람에게 하듯'(23절) 일하는 사람의 차이는 무엇입니까?

_____

_____

_____

_____

3 매사에 주님께 하듯 생활한다면 당신의 삶에 일어나게 될 가장 큰 변화는 무엇이겠습니까?

_____

_____

_____

_____

모든 일을 주님께 하듯, 주님을 섬기듯 살아가고 있습니까?

나는 노예가 아니다

📖 **핵심 구절** 그의 주인이 여호와께서 그와 함께하심을 보며 또 여호와께서 그의 범사에 형통하게 하심을 보았더라(창 39:3).

읽을 거리

사람을 기쁘게 하려고 하다 보면 노예의 삶을 살게 될 가능성이 많습니다. 우리 삶의 기준은 사람을 기쁘게 하는 것이 아닙니다. 요즘은 노예가 없지만, 노예적 삶을 사는 사람들은 상당히 많습니다. 이스라엘 백성이 출애굽한 후 왜 그토록 광야에서 고생해야 했습니까? 그 이유는 그들이 출애굽은 했을지언정 여전히 노예적 사고, 노예적 습성에서 벗어나지 못했기 때문입니다. 노예 정신에서 해방되지 않는 한 자유인이 될 수 없습니다. 몸이 풀려난 게 전부가 아닙니다. 정신이 자유로워져야 합니다. 이스라엘 백성이 광야에서 온갖 혹독한 훈련을 받으며 오랜 방황을 한 것은 노예 정신에서 벗어나지 못했기 때문입니다.

원망과 불평이 많고, 주인의 눈치를 보며, 눈가림으로 일하는 것이 노예의 특징입니다. 눈가림이란 '아이서비스'(eye service)를 가리키며, 주인 앞에서만 잘하는 것처럼 군다는 뜻입니다. 눈치 보고 사는 삶은 참으로 피곤합니다. 그리스도인은 누군가의 눈치를 보며 사는 것이 아니라 하나님을 의식하며 살아가야 합니다. 어떤 직장에서 녹을 받고 일해도 그 주인을 위해서라기보다 궁극적으로 하나님을 위해 일해야 합니다.

하나님을 의식하면 그분을 기쁘시게 하고자 정직하고 성실하게 일할 수밖에 없습니다. 비단 거창한 사업 계획뿐만 아니라 일상의 작은 일들에서도 마찬가지입니다.

식당일을 하더라도 재료를 다듬는 데서부터 벌써 그 손길이 다릅니다. 어느 정직한 곰탕집에서는 어느 날 '오늘 사골이 충분히 우러나지 않아 문을 닫습니다. 내일 제대로 준비해서 열겠습니다'라고 안내문을 붙여 놓았다고 합니다. 어떻습니까? 믿을 만한 식당 아닙니까? 바로 이런 태도를 우리도 지녀야 합니다. 하나님 앞에서 주님을 경외하며 사는 사람의 태도가 바로 이렇습니다.

1 애굽으로 팔려간 요셉은 보디발의 집에서 노예로 살면
서 어떤 평가를 받았습니까?(3절)

_____

_____

_____

_____

2 요셉이 비록 노예였지만 형통하고, 복의 통로가 될 수 있었던 것
은 무엇 때문이라고 생각합니까?(9절)

_____

_____

_____

_____

3 요셉이 성공한 중요한 이유 중 하나는 일상생활에서 하나님께
죄를 짓지 않으려 했기 때문입니다. 그러한 삶의 태도가 어떤 점
에서 성공적인 인생의 요건이 됩니까?

_____

_____

_____

_____

지금 하고 있는 일에 대해 주인의식을 갖고 일합니까,
아니면 노예처럼 일하고 있습니까?

주님의 발치에서
모든 것은 시작된다

✝ **핵심 구절**　그에게 마리아라 하는 동생이 있어 주의 발치에 앉아

그의 말씀을 듣더니(눅 10:39).

**읽을
거리**　마리아는 우선순위를 분명히 정했습니다. 그때는 예수

님이 십자가를 져야 할 시간이 얼마 남지 않은 순간이

었습니다. 어떻게 보면 제자들도 다 주님의 곁을 떠난

것이나 다름없는 외로운 순간입니다. 지금 주님의 발치에 앉아 말

씀을 듣는 것보다 더 중요한 일은 없습니다. 주님은 마리아야말로

가장 좋은 것을 택했다고 칭찬하셨습니다.

마리아가 선택한 일, 즉 주님의 발치에 앉아 말씀을 듣는 것의 의미가 무엇일까요? 고대 사회에선 누군가의 발치에 앉는 행위는 랍비와 제자와의 관계를 의미했습니다. 그러니까 발치에 앉는다는 것은 스승에게서 배우기를 청하고 전적으로 경청하겠다는 태도를 뜻합니다.

마리아의 태도가 바로 이렇습니다. 마르다의 눈에는 마리아가 일도 하지 않고 이기적인 생각으로 가만 앉아 있는 듯 보였겠지만, 주님의 발치에 앉아 있는 그 자체만으로도 대단한 복종과 헌신을 드러내는 셈입니다.

지금 마리아는 이렇게 고백하는 것이나 마찬가지입니다. "주님께서 말씀하신다면 내 생명도 걸 수 있습니다." 바로 이런 수준의 복종을 각오할 때 그 발치에 앉을 수 있는 것입니다. "나는 다른 어떤 희생을 감수하고라도 당신에게서 무언가를 듣기 원합니다. 지금 당신과 시간을 가지지 않으면 나는 아무것도 할 수 없습니다" 하는 고백입니다.

그러나 주님의 발치에 앉은 사람은 다릅니다. 마리아는 주님과 함께 있기를 즐거워했습니다. 그녀는 만사를 제쳐두고 주님의 발치에 앉는 것을 선택했습니다. 마리아는 주님과 친밀함을 누렸습니다. 이처럼 주님과의 친밀한 사귐을 한번 맛본 사람은 주님께 붙어 있는 것보다 더 좋은 것이 이 세상 어디에도 없음을 알고 있습니다.

누가복음 10:38-42

1 마리아와 마르다는 각각 무엇을 하고 있습니까?(39, 40절)

_____

_____

_____

2 마르다가 염려하고 근심하는 이유에 대해 예수님은 무엇 때문이라고 합니까?(41, 42절)

_____

_____

_____

3 먼저 주의 발치에 앉아 말씀을 듣는 것이 어떤 점에서 더 좋습니까?

_____

_____

_____

당신의 삶에서 '주의 발치'는 언제, 어느 곳입니까?

Week 6

건강한
영적 체질로
바꾸라

영적 성장을 위한 도전

영적 훈련은 자신의 습관과 체질을 바꾸는 과정입니다. 그렇다고 교회에서 어떤 훈련과정을 밟는 것으로 생각하면 곤란합니다. 그보다는 우리 삶의 전 영역을 통해 훈련받는다는 자기 훈련의 관점에서 생각해야 합니다. 하나님 앞에서 어떤 사람이 되어야 할지 목표를 분명히 세우고 영적으로 도약하는 역사가 일어나야 합니다. 견고한 믿음을 세우고 다른 사람을 도울 수 있어야 합니다. 그러기 위해 말씀을 묵상하고 기도하기에 힘쓰십시오.

Day 1

육적 체질에서
영적 체질로 전환하라

✝ 핵심 구절   오호라 나는 곤고한 사람이로다 이 사망의 몸에서 누가

나를 건져내랴(롬 7:24).

**읽을
거리**   살다 보면 체질에 따라 음식을 가려먹기도 하고 수면
시간을 조절하는 등 건강을 위해 여러모로 신경쓰게 됩
니다. 이처럼 신앙의 세계도 체질로 말할 수 있습니다.
크게 두 가지 체질이 있는데, 바로 육적 체질과 영적 체
질입니다.

아담의 후손으로 태어난 우리는 육적 체질에 가깝습니다. 죄짓는 일이 그리 어렵지 않고 죄에 대해 능수능란한 것입니다. 죄짓는 일을 위해 학원을 다녀 보았거나 과외를 받은 적이 있습니까? 거짓말하는 법을 가르치는 6주 속성 과정이 있습니까? 물론 있을 턱이 없습니다만, 우리는 배우지 않아도 죄짓는 일을 참 잘합니다.

우리 죄의 뿌리는 상상하는 것보다 훨씬 더 깊습니다. 우리의 심령 한가운데는 죄성이 심겨 있어, 은혜받기는 힘들어도 잃어버리는 것은 한순간입니다. 예배드리러 와서 은혜를 한가득 받고 나가다가 주차장에서 쏟아버리는 일도 부지기수입니다. 우리 안의 죄성을 생각해 보면 이해가 쉽습니다. 단 한 주간이라도 거짓말하지 않고 살려고 작정해 보십시오. 결코 쉽지 않을 것입니다.

구원받은 그 자체가 모든 삶을 보증해 주지는 못합니다. 구원은 일회적으로 한순간 일어나는 사건이지만, 구원 이후 영적으로 성숙해 가는 과정은 일평생의 작업입니다.

신앙생활을 제대로 하려고 마음먹어 본 사람이라면 아마도 상당한 갈등을 겪어 보았을 것입니다. '왜 내가 이 모양 이 꼴이고, 왜 내겐 변화가 일어나지 않는가' 하는 깊은 탄식을 했던 적이 있을 것입니다. 그렇다고 금방 포기해 버려선 안 됩니다. 죄의 본성을 꺾고 영적인 체질로 바꿔 가는 그 고단한 작업을 하지 않으면 늘 어린아이 신앙에서 벗어나지 못하게 됩니다.

묵상하기

로마서 7:21-25

1 사도 바울이 겪고 있는 마음의 갈등은 무엇입니까?(21-23절)

_____

_____

_____

_____

2 우리 가운데 하나님의 법과 죄의 법이 싸우고 있는 현실은 어떤 경각심을 줍니까?

_____

_____

_____

_____

3 마음의 갈등을 이기는 비결이 예수 그리스도에 있다고 고백합니다(25절). 그 이유에 대해 생각해 보십시오.

_____

_____

_____

_____

마음속에 갈등이 일어나고 있다면 사도 바울처럼 자신의 마음을 성찰해 보십시오.

Day 2

속성 과정은 없다

핵심 구절   망령되고 허탄한 신화를 버리고 경건에 이르도록 네 자신을 연단하라 육체의 연단은 약간의 유익이 있으나 경건은 범사에 유익하니 금생과 내생에 약속이 있느니라 (딤전 4:7, 8).

읽을 거리   육적 체질을 영적 체질로 바꾸는 작업에는 속성 과정이 없습니다. 단 며칠간의 부흥회로 성공할 수 없습니다. 체질이란 그리 쉽게 바뀌지 않습니다. 더욱이 영적 체질로 충분히 바뀌기 전까지는 예수를 믿는다고 해도 옛날로 돌아가려는 경향이 많습니다. 체질 바꾸기는 거대한 영적 전쟁입니다. 혈과 육의 싸움은 한 번의 불같은 은혜로 해결되지 않습니다. 불은 언젠가 꺼지게 되어 있습니다. 불의 특성을 생각해 보면 이것을 쉽게 이해할 수 있습니다.

무협지는 밤을 새며 읽는데 성경은 10분만 읽어도 지루해서 잠이 듭니다. 노래방에서는 첫 페이지부터 끝까지 큰 소리를 내며 신나게 부를 수 있는데 찬송은 5절짜리가 나오면 목이 잠깁니다. 영적 체질이 자리 잡지 못하면 단 10분도 기도하지 못하고 쩔쩔 맵니다. 세상에서 사랑하는 사람과 만나 한 시간 보내는 것이 뭐 어렵습니까? 그런데 왜 주님과는 그런 시간을 갖지 못합니까? 죄의 체질로 인한 생활이 너무도 익숙하고 편해서 돌이키지 않는 것입니다.

습관은 반복 행위를 통해 체득됩니다. 주님의 모습을 좇으려는 반복적 노력이 중요합니다. 반복이 기적을 낳는다는 말은 바로 이럴 때 유효합니다. 거룩한 습관은 갈수록 강력한 힘을 발휘합니다. 처음에는 거미줄같이 약하지만 갈수록 밧줄처럼 강력해집니다. 영적 지속성은 습관을 낳고 거룩한 영적 습관은 나를 다른 세계로 이끌어줍니다. 이는 모든 영적 거인들에게 예외 없이 발견되는 특징입니다.

거룩한 영적 습관을 많이 가진 사람들은 승리의 삶을 살고 있습니다. 바울은 "망령되고 허탄한 신화를 버리고 경건에 이르도록 네 자신을 연단하라"(딤전 4:7)고 디모데에게 권면합니다. 우리는 무수한 연단과 훈련을 통해 비로소 경건에 이를 수 있게 됩니다.

디모데전서 4:5-10

1 그리스도의 좋은 일꾼이 되기 위해 무엇을 실천하라고
합니까?(5-7절)

_____

_____

_____

_____

2 망령되고 허탄한 신화는 저속하고 어리석은 이야기를 의미합니
다. 당신에게 영향을 주고 있는 신화는 무엇입니까?

_____

_____

_____

_____

3 연단은 지속적이고 반복적인 과정을 말합니다. 경건에 이르기
위해 어떤 연단이 필요합니까?

_____

_____

_____

_____

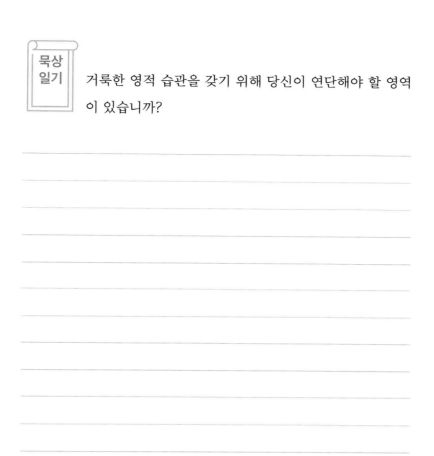

묵상
일기

거룩한 영적 습관을 갖기 위해 당신이 연단해야 할 영역이 있습니까?

영적 근육질을 다듬어라

✝ 핵심 구절 그러므로 나는 달음질하기를 향방 없는 것같이 아니하고 싸우기를 허공을 치는 것같이 아니하며 내가 내 몸을 쳐 복종하게 함은 내가 남에게 전파한 후에 자신이 도리어 버림을 당할까 두려워함이로다(고전 9:26, 27).

📖 읽을 거리 독일에서 발레리나로 이름난 강수진 씨는 독일 사람들도 추앙해 마지않을 만큼 아주 유명합니다. 몸은 가늘디가늘어 아주 연약해 보이는데, 의외로 별명이 '강철

나비'라고 합니다. 한때 인터넷에서 화제를 일으킨 그녀의 발 사진을 본 적이 있습니다. 참으로 충격적이었습니다. 그것은 여자의 발로 보이기는커녕 사람의 발처럼 보이지도 않았습니다. 이야기를 들어보니, 하나의 공연을 위해 어찌나 연습을 하는지 발레용 신발인 토슈즈 수백 켤레가 다 닳아서 없어질 정도라고 합니다. 그러니 발이 남아날 리 만무하지요. 그래서 그녀의 발은 아름답습니다.

김연아 선수는 어떻습니까? 고난도의 점프 하나를 위해 수없이 엉덩방아를 찧습니다. 이처럼 훈련과정은 결코 쉽지 않습니다. 사실 '훈련'이나 '연단'은 무시무시한 단어입니다.

이것은 영적 세계에서도 마찬가지입니다. 바울은 신앙을 운동 경기에 비유했습니다.

"운동장에서 달음질하는 자들이 다 달릴지라도 오직 상을 받는 사람은 한 사람인 줄을 너희가 알지 못하느냐 너희도 상을 받도록 이와 같이 달음질하라"(고전 9:24).

위의 구절은 우리가 하나님 앞에서 취해야 할 삶의 태도가 어떤 것인지를 알게 해줍니다. 쉽지 않습니다. 오죽하면 바울이 땀을 뻘뻘 흘리고 연습하는 모습을 상상하면서 이 말씀을 기록했겠습니까? 영적인 세계로 나아가는 것을 간단하게 생각하지 말아야 합니다. 그러나 너무 겁먹지도 마십시오. 땀을 흘리고, 대가를 지불하면 보상은 너무도 큽니다. 영광의 날을 기대할 수 있습니다. 영적 체질을 바꾸려면 끊임없이 하나님 앞에 엎드리는 훈련이 필요합니다. 나 자신을 훈련시키는 일은 시간이 걸릴 뿐더러 일정한 대가를 치러야 하는 과정입니다.

묵상
하기

1 운동장에서 달음질하는 사람들의 목표는 무엇입니까?(24절)

_____

_____

_____

_____

2 그들은 경쟁에서 우승하기 위해 어떤 노력을 합니까?(25절)

_____

_____

_____

3 사도 바울이 자신과 성도의 삶을 운동경기에 임하는 선수에 비유한 이유를 생각해 보십시오(25-27절).

_____

_____

_____

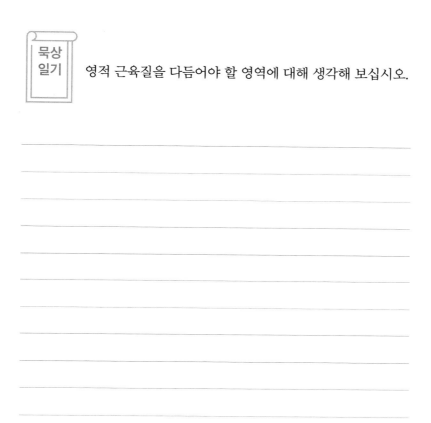

묵상
일기   영적 근육질을 다듬어야 할 영역에 대해 생각해 보십시오.

_____

_____

_____

_____

_____

_____

_____

_____

_____

_____

영적 훈련의 목표

📖 **핵심 구절** 나는 선한 싸움을 싸우고 나의 달려갈 길을 마치고 믿음을 지켰으니 이제 후로는 나를 위하여 의의 면류관이 예비되었으므로 주 곧 의로우신 재판장이 그날에 내게 주실 것이며 내게만 아니라 주의 나타나심을 사모하는 모든 자에게도니라(딤후 4:7, 8).

📕 **읽을 거리** 영적 훈련을 하려면 정확한 목표를 세우는 것이 필요합니다. 과욕을 부려 너무 높은 목표를 설정하지 말고 우

선 하나에서 세 가지 정도의 목표를 세우는 것이 좋습니다. 그래야 질리거나 지치는 일 없이 꾸준히 훈련할 수 있기 때문입니다. 무엇보다 의지적 결단에 따라 작정하고 빠짐없이 실행에 옮기는 일에 실패하지 말아야 합니다. 세상에 저절로 이루어지는 일은 아무것도 없습니다. 영적 세계에서도 공짜는 없습니다.

내가 하나님 앞에서 어떤 사람이 되어야 할 것인가에 목표를 두고, 성경의 위인들을 바라보며 힘차게 달려가야 합니다. 주위의 누구보다 앞서기 위해서가 아니라, 내게 맡겨진 여정을 차분히 밟아가기 위해서입니다. 그리하여 해가 가면 갈수록 영적으로 더 도약하는 역사가 일어나야 합니다. 견고한 믿음의 뿌리를 내림으로써 흔들리지 않고, 어떤 시련과 유혹이 와도 제자리를 지키며 주변에 위안을 주는 걸출한 믿음의 인물이 되어야 합니다.

영적 거장이 되고 영적 거목이 되는 꿈을 가지십시오. 특별히 신앙 생활한 지 5년 이상 됐다면 영적 거목의 길이 이미 시작된 것입니다. 두려워 말고 자신의 현재 모습을 냉정하게 평가해 보아야 합니다.

거듭 말하지만 겉모양이 중요한 게 아닙니다. 우리의 심령이 하나님 안에서 깊어져야 합니다. 이것은 너무도 영광스러운 일입니다. 우리가 서로 격려하며 달려가야 할 목표는 분명합니다. 늘 넘어지고 깨어지는 모습이 반복되는 것을 당연하게 받아들이면 안 됩니다. 믿어온 세월만큼 마땅한 모습이 드러나야 합니다. 도중에 포기하지 않기를 바랍니다. 대가를 지불한 만큼 진가를 드러낼 것입니다. 못된 육이 시키는 대로 따라하는 삶을 청산해야 합니다. 그리고 성령이 이끄시는 대로 살아가는 자유인이 되어야 합니다.

디모데후서 4:1-8

1 사도 바울은 죽을 날이 가까운 것을 알았습니다(6절). 그가 달려온 길은 어떤 길이었습니까?(2, 5, 7절)

_____

_____

_____

_____

2 사도 바울이 그와 같은 삶을 살았던 이유와 목적은 무엇입니까?(1, 8절)

_____

_____

_____

_____

3 영적 훈련을 받고 선한 싸움을 통해 결국 얻고 누리게 될 것은 무엇입니까?

_____

_____

_____

_____

묵상일기

사도 바울은 디모데에게 자신을 본받으라고 합니다. 당신의 삶에서 닮고 싶은 영적 인물이 있습니까?

_____

_____

_____

_____

_____

_____

_____

_____

_____

_____

Day 5

성실함은 어디에나 통한다

핵심 구절   다니엘이 이 조서에 왕의 도장이 찍힌 것을 알고도 자
기 집에 돌아가서는 윗방에 올라가 예루살렘으로 향한
창문을 열고 전에 하던 대로 하루 세 번씩 무릎을 꿇고
기도하며 그의 하나님께 감사하였더라(단 6:10).

읽을
거리   다윗이 골리앗을 향해 물맷돌을 들고 뛰어가는 장면을
상상해 보십시오. 그의 돌팔매 실력이 하루아침에 나온
것이겠습니까? 하나님은 평소에 갈고 닦았던 다윗의

실력을 사용하셔서 역사를 이루셨습니다. 훈련이 그만큼 중요합니다. 잘 훈련되어야 주님이 쓰고자 하실 때 적재적소에서 효과를 발휘할 수 있습니다.

언젠가 여유가 생기면 훈련하겠다고 말하는 것은 핑계일 뿐입니다. 실력은 한순간의 결심으로 이루어지지 않습니다.

골로새서 3장 23절의 '마음을 다하여'는 그리스도인의 기본 태도가 이러해야 함을 가르칩니다. 오늘 내 삶의 태도가 인생의 향방을 결정합니다. 오늘의 나는 지금까지의 내 삶에 의해 이루어졌습니다. 태도가 삶의 형태와 방향을 결정하는 것입니다. 그리고 내 인생과 삶의 태도를 다른 누가 아니라 바로 하나님께서 지켜보십니다.

하나님은 결코 수고의 땀을 무시하지 않으십니다. 성실한 자세를 갖추는 일이 중요합니다. 성실이 기적을 낳습니다. 그러나 애초에 방향 설정이 잘못되었다면 열심히 해봤자 소용이 없습니다. 열심을 내도 잘못된 길을 가게 되니 결국엔 후회만 남게 됩니다.

성실이라는 말은 대충 하지 않는 태도입니다. 하나님을 두려워하는 사람은 성실할 수밖에 없습니다. 성실한 사람은 믿을 만한 사람입니다. 무엇을 맡기든 신뢰할 수 있는 사람입니다. 그런 사람에게는 가장 좋은 일들이 맡겨지게 되어 있습니다.

인생을 땜질하듯이 대충대충 살면 안 됩니다. 탁월하신 하나님을 섬기는 신자의 삶에서는 탁월함이 드러나야 정상입니다. 성실한 삶의 태도는 갈수록 진가가 드러나게 되어 있습니다. 하나님이 우리 안에 드러내시면 그 일 속에서 하나님의 영광이 나타날 것입니다.

다니엘 6:10-16

1 다니엘이 평소에 빠뜨리지 않고 하던 일은 무엇입니까?(10절)

_____

_____

_____

_____

2 다니엘은 왕의 조서가 자신을 음해하려는 목적임을 알았습니다. 그럼에도 그는 기도의 시간을 포기하지 않았습니다. 그 이유를 생각해 보십시오(참고, 단 1:8; 3:17; 6:16).

_____

_____

_____

_____

3 다니엘의 모습을 근거로 성실함에 대해 자신의 말로 정의해 보십시오.

_____

_____

_____

_____

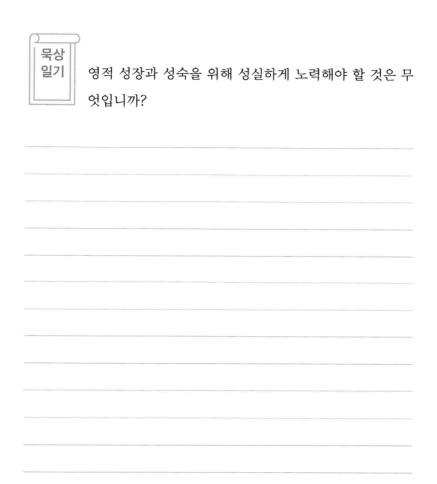

묵상 일기

영적 성장과 성숙을 위해 성실하게 노력해야 할 것은 무엇입니까?

Week 7

신앙은
길이가 아니라
깊이다

영적 성숙을 위한 길

우리는 조금만 채워지면 어깨에 힘이 들어갑니다. 다리를 떨면서 폼을 잡고 마치 내 힘으로 모든 것을 이룬양 착각합니다. 그러나 잠시라도 모든 것을 다 가진 듯 살지 않기를 바랍니다. 예수를 20, 30년씩 믿어도 언제나 초신자처럼 살기 바랍니다. 그때 주님의 은혜가 임합니다. 직분이 무엇이든, 얼마나 오래 믿어 왔든, 얼마나 큰 은혜를 받았든 언제나 가난한 자처럼 살아야 합니다. 혹시 내 안에 자아가 가득 들어차 있다면 하나님께서 어떤 것으로도 채워 주실 수 없으니 회개하며 비워야 합니다. 가장 겸손한 사람에게 주님의 은혜가 임하는 법입니다.

Day 1

목마른 만큼 채워진다

✝ 핵심 구절 하나님이여 주는 나의 하나님이시라 내가 간절히 주를 찾되 물이 없어 마르고 황폐한 땅에서 내 영혼이 주를 갈망하며 내 육체가 주를 앙모하나이다(시 63:1).

읽을 거리 건강한 신자는 언제나 목마른 사람입니다. 언제 만나도 며칠 굶은 사람 같습니다. 조금 전에 집회에서 은혜를 받았는데도 돌아서면 여전히 목이 말라 은혜가 필요하다는 얼굴을 합니다. "지금 내게는 하나님의 은혜가 필요합니다. 나는 굶주린 자입니다" 하는 고백을 온몸으로 쏟아내는 사람입니다.

좋은 신자는 영적인 사모함이 남다릅니다. 은혜가 있는 곳이면 언제 어디나 그도 항상 있습니다. 남들보다 훨씬 더 강력한 영적 갈망을 지녔기 때문입니다. 이것은 마치 하나의 공식과도 같습니다. 목이 마른 만큼 채워지는 법입니다. 아무리 하늘에서 은혜가 장대비처럼 쏟아지고 있어도 내 영이 다른 것들로 가득 채워져 있다면 아무 소용없습니다.

오늘날 이런 영적인 목마름이 우리에게서 사라져 가고 있습니다. 개인의 문제만이 아니라 한국 교회 전체에 밀려오는 분위기입니다. 옛날 가마니를 깔고 하나님 앞에 엎드렸을 때의 첫사랑을 잃어버린 것입니다. 너무 좋은 조건과 환경을 다 갖추었는데 영적 갈망은 사라져 버렸습니다. 적당히 신앙생활하지 마십시오. 너무 쉽게 만족하지 않기를 바랍니다. 이 정도면 괜찮다고 말하지 않기를 바랍니다. 좀 더 원하십시오. 좀 더 거룩한 불만족을 가지고 신앙의 적당주의에서 빠져나와야 합니다.

여러분은 지금 얼마나 깊은 영적 목마름을 느낍니까? 목마른 자는 딱 보면 금방 표가 납니다. 목마른 사람은 헉헉거립니다. 사회적 체면이나 자기 지위도 내세우지 않습니다. 고상한 모습을 보이려고 하지도 않습니다. 지금 상태가 어떠하든지 만족하면 안 됩니다. 마치 파산 선고 직전의 모습처럼 절박한 심정으로 하나님을 구하시기 바랍니다.

시편 63:1-7

1 시편 기자는 지금 어떤 상태에 있습니까?(1절)

_____

_____

_____

2 그토록 하나님을 찾는 이유는 무엇입니까?(2, 5, 7절)

_____

_____

_____

3 시편 기자는 그의 삶 자체가 하나님을 향한 갈망으로 가득했다
고 합니다. 그 증거를 찾아보고, 그것이 하나님을 경험하는 데
주는 유익을 생각해 보십시오.

_____

_____

_____

당신의 영적 목마름은 어느 정도인지 자신의 영적 상태
를 돌아보십시오.

Day 2

시냇가에 심은 나무

📖 핵심 구절 그는 시냇가에 심은 나무가 철을 따라 열매를 맺으며 그 잎사귀가 마르지 아니함 같으니 그가 하는 모든 일이 다 형통하리로다(시 1:3).

📔 읽을 거리 시편 1편의 배경이 되는 팔레스타인은 매우 척박한 땅입니다. 어찌나 척박한지, 나무 한 그루는커녕 풀 한 포기도 제대로 자라지 못합니다. 그런 삭막한 환경을 배경으로, '시냇가에 심은 나무'를 노래한다고 생각해 보십시오. 상상

할 수 있습니까? 웬만한 나무들은 생명을 유지하기조차 어려운 환경에서 푸른 잎사귀로 가득한 멋진 나무가 자라고 있는 광경 말입니다. 얼마나 눈에 띄겠습니까?

그리스도인의 삶이란 바로 이런 것이 아닐까요? 광야와 같은 세상, 얼마나 퍽퍽한 인생입니까? 그 가운데 그리스도인의 삶은 시냇가에 심은 한 그루 나무와 같다는 것입니다. 아니, 반드시 그러해야 합니다. 눈에 띄게 푸르고, 먹음직한 열매가 주렁주렁 매달려 있어 많은 사람이 탄성을 자아내는 그런 인생을 살아가야 합니다.

나무는 한 사람의 생애에 비유됩니다. 한 그루의 거목이 되어 수많은 사람에게 그늘을 제공하고, 길가 한편에서 방향키가 되며, 그 열매로 모두를 행복하게 한다면 아름다운 인생이라 할 수 있습니다. 우리 인생을 두 종류의 나무에 빗대어 설명할 수 있습니다. 하나는 거목이고, 다른 하나는 묘목입니다. 거목은 비나 바람, 태풍에도 끄떡하지 않습니다. 그러나 묘목은 비가 올 때마다 땅에서 뽑혀 뒤집어집니다. 그 뿌리가 하얗게 드러납니다. 심지어 뿌리가 하늘을 향해 거꾸로 서기도 합니다.

시편 1편에서 우리가 주목해야 할 것은 뿌리입니다. 나무의 생명이 그 뿌리에 있기 때문입니다. 또한 나무가 어디에 그 뿌리를 내리느냐도 중요합니다. 시냇가에 심은 나무가 열매를 많이 맺기 때문입니다.

묵상 하기 **시편 1:1-6**

1 복 있는 사람의 특징은 무엇입니까?(1, 2절)

_____

_____

_____

_____

2 복 있는 사람과 시냇가에 심은 나무와는 어떤 연관성이 있습니까?(3절)

_____

_____

_____

_____

3 악인의 특징은 뿌리를 내리지 못한 채 이리저리 떠도는 데 있다고 합니다(4절). 복 있는 사람으로 살아가려면 어디에 뿌리를 내려야 합니까?

_____

_____

_____

_____

당신의 모습에서 복 있는 사람과 악인의 모습에 대해 살펴보십시오.

Day 3

뿌리를 내린 만큼 열매 맺는다

✝ 핵심 구절   그러므로 너희가 그리스도 예수를 주로 받았으니 그 안에서 행하되 그 안에 뿌리를 박으며 세움을 받아 교훈을 받은 대로 믿음에 굳게 서서 감사함을 넘치게 하라 (골 2:6, 7).

📖 읽을 거리   언젠가 중동의 사막 지대인 이집트를 여행하며 여러 그루의 나무가 서 있는 것을 보았습니다. 풀 한 포기 없는 정말 뜨거운 사막인데 눈에 띄는 나무가 있었습니다. 신기해서 물어 보니, 성경에 나오는 '싯딤나무'라고 말해 주었습니

다. 그리고 이 나무가 사막에서도 잎사귀를 내며 자라는 이유는 나무의 뿌리가 아주 깊기 때문이라고 설명해 주었습니다. 얼마나 깊은지 물이 있는 곳까지 그 뿌리를 내린다는 것입니다. 대단하지 않습니까? 사막 지대라도 지하 깊숙한 곳에는 우기에 고여 있던 물길이 있습니다. 그 물길이 있는 데까지 뿌리를 내리니 사막 한가운데서도 푸른 나뭇가지를 드리웠던 것입니다. 결국 핵심은 뿌리였습니다.

호주에는 블루 마운틴이라는 산이 있습니다. 이곳에는 크기가 어마어마한 나무들이 정말 많습니다. 그런데 여름이 되면 종종 산불이 납니다. 누가 화재를 일으키는 것이 아니라, 자연 발생적으로 불이 나는 겁니다. 기상학자들에 의하면, 고온 현상과 건조한 바람, 호주 산지에 많은 유칼립투스 나무에서 나오는 휘발성 기름이 화재의 원인이라고 합니다. 이렇게 불이 나니 그곳 나무들이 다 타버릴 수밖에요. 그런데 한 가지 놀라운 사실은 그 나무가 다시 일어난다는 것입니다. 줄기와 몸통은 타고 없지만, 뿌리가 죽지 않고 살아 있기 때문에 이듬해에 보면 또다시 나무가 자라 있습니다. 이처럼 나무는 그 뿌리가 생사를 결정합니다.

신앙생활에서 중요한 것은 뿌리입니다. 내 신앙의 뿌리가 얼마나 깊어지는가가 관건입니다. 신앙생활은 겉모양만 가지고 판단할 수 없습니다. 우리가 기억할 것은 열매를 내가 맺는 것이 아니라는 사실입니다. 뿌리내리는 작업은 내가 하지만, 열매 맺게 하는 분은 하나님이십니다. 우리는 열매에 신경 쓰기보다 뿌리내리는 데 유의해야 합니다. 내 신앙이 얼마나 깊이 뿌리내렸는지를 점검해야 합니다. 산상수훈에서 주님은 열매로 나무를 알아본다고 했습니다.

**묵상
하기**

1 하나님의 비밀인 그리스도(2절) 안에는 무엇이 있습니
까?(3절)

_____

_____

_____

2 그리스도 예수를 주로 받아들인 사람은 어떤 삶을 살아야 합니
까?(6, 7절)

_____

_____

_____

3 그리스도께 뿌리를 내리지 않으면 어떤 일이 일어납니까?(8절)
그것이 신앙생활에 어떤 문제를 일으키게 됩니까?

_____

_____

_____

자신도 모르게 따르고 있는 사람의 전통과 세상의 초등
학문(세상의 원리)에 대해 살펴보십시오.

Day 4

성장하면 문제는 사라진다

✝ **핵심 구절** 그러나 너는 배우고 확신한 일에 거하라 너는 네가 누구에게서 배운 것을 알며 또 어려서부터 성경을 알았나니 성경은 능히 너로 하여금 그리스도 예수 안에 있는 믿음으로 말미암아 구원에 이르는 지혜가 있게 하느니라(딤후 3:14, 15).

**읽을
거리**

신앙생활을 하다 보면 참 별일이 다 일어납니다. 우리의 신앙을 송두리째 흔드는 시험들이 닥칩니다. 이겨내면 뿌리가 더 깊어지지만, 지면 뿌리가 흔들리거나 뽑히게 됩니다. 한 번 뽑히면 다시 뿌리를 내리기까지 오랜 세월이 걸립니다. 그래서 순종하려고 노력해야 합니다. 기분 나쁘다고 때려치우고, 가던 길을 멈추면 안 됩니다. 도중하차 하면 남는 것이 없습니다.

그리스도인은 자신에게 찾아온 고난을 통해 하나님의 법칙을 배우고 하나님의 원리를 깨닫는 기회로 삼아야 합니다. 그러면 고난을 통해 하나님이 놀라운 복을 부어 주실 것입니다. 중요한 것은 고난을 통과하는 것 그 자체가 아니라 고난을 통해 신앙이 여물어지는 것입니다. 우리가 붙들어야 할 진리가 바로 이것입니다.

고난은 하나님께서 우리의 신앙에 물을 주고 영양분을 공급하시는 기회입니다. 따라서 고난의 시간을 통해 하나님의 이끄심을 체험하는 가운데 신앙을 견고히 뿌리내리는 작업을 완수하길 바랍니다. 이렇게 뿌리가 깊어지면 깊어질수록 신앙도 성숙해집니다. 신앙이 자라나면 마침내 열매가 맺힙니다.

하나님의 거룩한 말씀이 내 영을 가득 채우시기를 갈망하십시오. 우리의 신앙생활이 말씀 안에 뿌리내리면 어떤 환경이나 시대의 조류에도 흔들리지 않는 견고한 삶을 살게 됩니다. "오직 주만 바라보나이다"라고 고백하면서 말씀을 붙들고 기도하는 가운데 평정심을 유지하다 보면 하나님이 문제를 해결하실 줄로 믿습니다. 필사적으로 하나님의 말씀을 붙잡기 바랍니다. 말씀이 나를 사로잡고 내 영혼에 뿌리를 내리도록 간구하십시오. 말씀이 생명입니다. 말씀에 사로잡히면 살아납니다.

묵상 하기 **디모데후서 3:12-17**

1 경건한 삶을 지속적으로 살기 위해서는 어떻게 해야

합니까?(14절)

_____

_____

_____

2 성경말씀이 신자에게 가져다주는 유익은 무엇입니까?(15-17절)

_____

_____

_____

_____

3 말씀에 뿌리를 내리는 삶이란 어떻게 살아가는 것을 말합니까?

_____

_____

_____

_____

**묵상
일기**

하나님의 말씀이 당신의 생각과 모든 행동의 기초가 되어 있는지 살펴보십시오.

뿌리내리기는 시간 싸움이다

🔖 **핵심 구절**   이 율법책을 네 입에서 떠나지 말게 하며 주야로 그것을 묵상하여 그 안에 기록된 대로 다 지켜 행하라 그리하면 네 길이 평탄하게 될 것이며 네가 형통하리라(수 1:8).

📖 **읽을 거리**   뿌리는 하루아침에 굳건해지지 않습니다. 오늘 읽은 말씀이 바로 뿌리를 내리는 것이 아닙니다. 말씀이 내 영에 뿌리내리려면 성실함을 바탕으로 인내하며 기다리는 시간이 필요합니다. 하나님의 말씀이 딱딱한 영의 토양을 뚫고

들어가 뿌리를 내리는 작업은 보이지 않는 영역에서 이루어지는 힘겨운 전투라 할 수 있습니다.

뿌리 깊은 나무는 자리를 지키는 특성이 있습니다. 말씀 묵상은 말씀 앞에서 시간을 보내는 것입니다. 때로는 지루한 시간을 보낼 수도 있지만 좀처럼 물러서지 않는 꿋꿋한 태도가 필요합니다.

기도 생활을 하기로 결단했다면 때로는 무서울 정도로 기도의 세계 안으로 들어가는 열정을 가져야 합니다. 깊은 영적 은혜의 골짜기 안으로 들어가는 축복은 아무에게나 주어지는 것이 아닙니다. 누적된 기도의 양이 채워져야 합니다. 새벽 기도를 붙들고자 한다면 비가 오나 눈이 오나 포기하지 않고 지속적으로 계속하는 것입니다. 헌신의 삶도 마찬가지입니다. 1, 2년은 누구나 할 수 있습니다. 중요한 것은 지속성입니다. 수없이 포기하고 싶은 유혹을 이겨 낸 영적 투지가 있어야 합니다. 때로는 사람들에게 잊힐 수도 있지만, 아무도 알아주지 않는 곳에서 이름 없이 묵묵히 자기 자리를 지킬 때 헌신의 뿌리가 깊이 내리게 됩니다.

한 그루의 거목이 되어야 합니다. 그 그늘에서 많은 사람들이 안식을 얻고, 그 열매에 수많은 사람이 즐거워하며, 감동 받는 역사가 일어나야 합니다. 그래서 우리가 서 있는 모습만 봐도 사람들이 위안을 얻는, 나도 저 자리에 가야겠다는 기대감을 품게 하는 인생을 살기 바랍니다. 신앙은 길이가 아니라 깊이의 문제임을 기억하고, 내 신앙의 깊이를 늘 측정해 보아야 합니다.

여호수아 1:1-9

1 여호와의 종 모세가 죽은 후에 이스라엘의 지도자가 된 여호수아에게 하나님은 어떤 약속을 하셨습니까?(3, 5, 7, 9절)

_____

_____

_____

_____

2 하나님께서 여호수아에게 복을 주겠다 약속하시면서 명령하신 것은 무엇입니까?(7, 8절)

_____

_____

_____

_____

3 '입에서 떠나지 말게 하며 주야로 그것을 묵상'하기 위해서는 어떻게 해야 합니까?

_____

_____

_____

_____

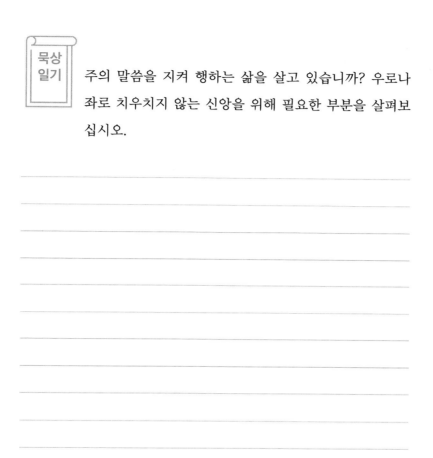

묵상
일기

주의 말씀을 지켜 행하는 삶을 살고 있습니까? 우로나 좌로 치우치지 않는 신앙을 위해 필요한 부분을 살펴보십시오.

Week 8

바닥을
긁지 말고
흘러넘치게
하라

그리스도인의 승리하는 삶

하나님은 풍성하신 분입니다. "너희 중에 누구든지 지혜가 부족하거든 모든 사람에게 후히 주시고 꾸짖지 아니하시는 하나님께 구하라 그리하면 주시리라"(약 1:5). 하나님은 우리에게 부족한 것을 구하라고 하십니다. 하나님은 그분의 자녀들이 풍성함을 받아 누리며 그 넘치는 은혜를 주위에 다시 흘려보내기를 원하십니다. 따라서 그리스도인이라면 물질적인 것이든, 영적인 것이든, 정신적인 것이든 하나님께서 부어 주시는 모든 것을 마음껏 맛볼 뿐 아니라 주위에도 전해 주어야 합니다.

Day 1

흘러넘치는 삶 VS 쥐어짜는 삶

✝ **핵심 구절**   도둑이 오는 것은 도둑질하고 죽이고 멸망시키려는 것
뿐이요 내가 온 것은 양으로 생명을 얻게 하고 더 풍성
히 얻게 하려는 것이라(요 10:10).

**읽을
거리**   요한복음 10장에서 주님은 말씀하셨습니다. "내가 온
것은 양으로 생명을 얻게 하고 더 풍성히 얻게 하려는
것이라"(요 10:10). 예수님이 오신 이유는 양에게 생명을
주실 뿐만 아니라 생명 안에서 풍성한 삶을 얻게 하시기 위함이었

습니다. 그리스도 안에서 하나님의 풍성한 생명 안에 내가 머물러 있다는 것은 놀라운 축복입니다.

살다보면 자신의 한계를 넘어서는 일들이 많이 일어납니다. 내 힘보다, 내 에너지보다 더 큰 짐이 지워질 때 우리는 맥없이 무너질 수밖에 없습니다. 여유는 별로 없는데 할 일이 많으면 결국 과부하에 걸리게 마련입니다. 이런 때는 지치고 힘들어 짜증과 원망이 늘고 피곤한 삶을 살게 됩니다.

신앙생활도 마찬가지입니다. 날아다닐 듯 너무도 신나게 예수 믿는 사람이 있는가 하면, 늘 힘들어하며 어쩌다 조직에 걸려든 사람처럼 힘겹게 신앙생활을 하는 사람도 있습니다. 흘러넘치는 신앙이 있고 마른 행주를 쥐어짜듯 하는 신앙이 있습니다.

이처럼 삶은 두 종류입니다. 흘러넘치는 삶인가, 쥐어짜는 삶인가? 이끌어가는 삶인가, 이끌려가는 삶인가? 거슬러 올라가는 삶인가, 그냥 떠밀려 내려가는 삶인가? 벼랑 끝에서 하늘로 날아오르는 삶인가, 벼랑 끝에서 아래로 떨어져 죽는 삶인가?

누군가 "신바람이란 신이 준 일을 할 때 일어나는 바람"이라고 했습니다. 무슨 일을 해도 신이 나야 합니다. 무엇보다 신앙생활은 신이 나야 합니다. 세상의 어떤 것과도 비교할 수 없는 즐거움을 신앙의 세계 안에서 경험해야 합니다. 우리는 충분히 그럴 만한 이유를 가지고 있는 사람들입니다.

묵상
하기

요한복음 2:1-11

1 예수께서 참석하신 갈릴리 가나 혼인잔치에 무슨 일이 일어났습니까?(3, 7-9절)

_____

_____

_____

_____

2 예수께서 만드신 포도주의 양과 맛은 어떠합니까?(6-8, 10절)

_____

_____

_____

_____

3 흘러넘치는 삶과 쥐어짜는 삶이란 관점에서 물을 포도주로 만드신 예수님의 기적을 묵상해 보십시오.

_____

_____

_____

_____

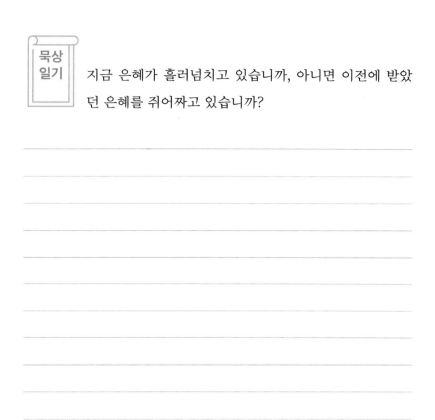

묵상
일기
지금 은혜가 흘러넘치고 있습니까, 아니면 이전에 받았
던 은혜를 쥐어짜고 있습니까?

Day 2

내 잔이 넘치나이다

📖 **핵심 구절** 주께서 내 원수의 목전에서 내게 상을 차려 주시고 기름을 내 머리에 부으셨으니 내 잔이 넘치나이다(시 23:5).

📕 **읽을 거리** 성도들 누구나 좋아하는 성경 구절이 있다면 아마도 시편 23편일 것입니다. "여호와는 나의 목자시니 내게 부족함이 없으리로다"(시 23:1). 이 얼마나 좋은 말씀입니까? 특히 '내게 부족함이 없다'는 구절에서는 마음이 넉넉해지는 풍성한 이미지가 떠오릅니다. 부족함이 없는 상태란 겨우겨우 연명

하는 것을 의미하지 않습니다. 최상의 상태, 무언가 흘러넘치는 풍성함이 있는 삶을 말합니다.

또한 5절에서는 '내 잔이 넘친다'고 전합니다. 말씀 그대로 주님을 목자로 모셔 들이면 내 잔이 차고 넘칩니다. 졸졸졸 흐르는 정도가 아니라 차올라 흠뻑 적십니다. 똑똑 떨어지는 물방울이 아니라 마치 나이아가라 폭포가 흘러내리듯이 넘쳐나는 정경을 연상하게 합니다.

우리 주님이 벳새다 들판에서 일으키셨던 기적을 돌이켜보십시오. 그분은 오병이어의 기적을 베푸셨습니다. 5천 명이 먹고도 열두 광주리가 남았습니다. 왜 남게 하셨을까요? 너무 복잡하게 생각하지 마십시오. 먹고 남은 조각이 열두 광주리라는 것은 그만큼 풍성하게 채우셨음을 보여주는 메시지입니다. 주님은 기적을 행하시되 겨우 몇 광주리 정도만 만들어 내셔서 제자들에게 "지금 형편이 그저 그러니까 조금씩 나눠 먹도록 하고 내가 다음에 제대로 한번 내겠다"고 말로 때우시는 분이 아닙니다. 하나님은 언제나 흘러넘치도록 역사하십니다.

하나님의 나라에는 늘 풍성함이 있습니다. 하나님의 풍성하심은 우리의 상상을 초월합니다. 그분은 우리가 간절히 매달려 애걸복걸하면 줄 듯 말 듯 하시는 분이 아닙니다. 우리가 믿는 하나님은 계산적인 분이 아닙니다.

시편 23:1-6

1 여호와께서 목자가 되어 주시는 것이 어떤 점에서 부
　족함이 없는 삶이 됩니까?(2-5절)

_____

_____

_____

_____

2 '내 잔이 넘치나이다'(5절)라고 고백하는 시인의 마음은 어떤 상
　태에 있습니까?

_____

_____

_____

_____

3 하나님이 목자가 되어 주시는 삶이란 어떤 삶을 말합니까?

_____

_____

_____

_____

하나님이 당신에게 풍성하게 채워 주셨던 때를 회상해
보십시오.

Day 3

어렵게 보이지만 가장 쉬운 길

† 핵심 구절 나아만이 이에 내려가서 하나님의 사람의 말대로 요단
강에 일곱 번 몸을 잠그니 그의 살이 어린아이의 살같
이 회복되어 깨끗하게 되었더라(왕하 5:14).

읽을
거리 순종이란 한두 번 그 뜻을 따르는 정도가 아닙니다. 어
떤 사정을 무릅쓰고서라도 지켜 행하는 것이 진짜 순종
입니다. 사실 처음에는 누구나 순종하기가 어렵습니다.
인간은 순종보다 불순종이 더 쉽습니다. 순종이 어려운 것은 우리

자아의 문제 때문입니다. 자아가 펄펄 살아 있는 한 순종은 어렵습니다. 우리에게 있는 자아는 늘 자아 중심적으로 모든 것을 주도해 가고자 합니다. 나의 논리와 경험을 주장하고 싶어 합니다. 상식적이지 않고 이해도 안 되면 순종하지 않으려고 합니다. 늘 사고가 발생하는 부분은 이곳입니다.

처음에는 순종하기가 너무 어렵습니다. 일상을 살아가는 인간의 이치와 다른 명령을 내리실 때 따르기가 어렵습니다. 그런데 순종이란 원래 그런 것입니다. 순종은 시작하기가 어렵습니다. 그러나 순종을 배우기 시작하고 순종의 놀라운 결과들을 경험하면서 조금씩 순종이 쉬워지기 시작합니다.

그러므로 순종은 인생을 살아가는 참 쉬운 방법입니다. 일단 순종하면 그 다음부터는 하나님께서 다 알아서 해주시기 때문입니다. 괜히 고집을 피워 인생을 험난하게 살아가는 것은 미련한 일입니다. 그렇게 어렵게 살 이유가 없습니다. 순종을 통해 하나님의 로드맵에 충실히 따르면 상상을 초월하는 길이 열리게 됩니다. 순종의 삶을 사는 사람만이 아는 비밀입니다.

따라서 불신앙으로 다져진 견고한 자아를 무너뜨리는 작업은 매일 십자가를 통과하는 것입니다. 순종하지 않으려는 나의 자아가 깨어지는 경험들이 필요합니다. 자아는 쉽게 깨어지지 않습니다. 순종이 어려운 이유는 여기에 있습니다. 우리는 매일 십자가의 담금질을 통해 우리 안에 순종의 영이 흐르도록 해야 합니다.

묵상
하기

1 나병에 걸린 나아만에게 엘리사가 지시한 내용은 무엇입니까?(10절)

_____

_____

_____

_____

2 나아만이 처음에 엘리사의 지시를 거부했던 이유는 무엇입니까?(11, 12절)

_____

_____

_____

_____

3 나아만을 낫게 한 것은 요단 강에 몸을 씻었기 때문입니까, 하나님의 사람의 말에 순종했기 때문입니까?(13절)

_____

_____

_____

_____

순종하지 못하도록 방해하는 당신 안에 있는 걸림돌을
살펴보십시오.

신바람이 나야 정상이다

핵심 구절 두 사람이 그들을 향하여 발의 티끌을 떨어 버리고 이고니온으로 가거늘 제자들은 기쁨과 성령이 충만하니라(행 13:51, 52).

읽을거리

성령 충만은 사로잡힘입니다. 지배를 당하는 것입니다. 내가 저항할 도리가 없어집니다. 성령이 나를 전인격적으로 사로잡으시면 무엇을 하든 내가 하는 것이 아니라 그분이 주도하시게 됩니다. 이것이 곧 성령 충만입니다. 말하자면 강력한 이끌림입니다. 강한 빨려들어감의 현상이 일어납니다. 이런 증세가 일어나야 정상적인 신앙인이 되는 것입니다.

성령에게 사로잡히고 그분에게 미치면 모든 것에서 자유로워진다니, 약간 이상한 표현이라고 생각할지 모르겠습니다. 사로잡힘이 곧 자유롭게 되는 것이라고 말하고 있으니까요. 이 말이 모순 같겠지만 사실입니다.

새벽 기도회를 다니거나 철야 기도회를 나오는 사람 중에 성령에 취해서 나오는 사람이 있습니다. 그들은 피곤해하지 않습니다. 365일도 능히 할 수 있을 것 같아 보입니다. 설교를 듣거나 성경을 읽을 때면 말씀이 꿀송이처럼 달아 시간 가는 줄 모르고, 기도할 때도 한 시간을 10분처럼 간구하고 부르짖습니다. 이 모두가 성령에 취해야 가능한 일입니다.

저는 개인적으로 무엇이든 신바람 나게 하는 것을 좋아합니다. 하나님과 관련된 일은 무엇이든 즐겁습니다. 밤을 새우라면 새울 마음이 늘 있습니다. 지금까지 사역을 해오는 동안에도 늘 즐거웠습니다. 돌아보면 항상 행복한 사역이었습니다. 무엇을 하든지 억지로 할 이유가 없습니다. 밥을 먹어도 맛있게 먹는 사람과 함께 먹으면 덩달아 맛있어지는 것처럼 예수 믿는 것도 마찬가지입니다. 신바람이 나서 홍조를 띠고 교회에 오시는 분들과 동역할 때 저 자신도 신바람이 나고 흥겹습니다. 교회에 올 때 신나고 주의 일을 할 때 얼굴에 '좋아 죽겠다'고 써놓으시기 바랍니다. 그러면 다른 사람들도 그 흥에 매료되어 따라오지 않겠습니까?

묵상
하기

사도행전 13:44-52

1 바울과 바나바가 복음을 전하자 유대인들은 어떻게 했습니까?(45, 50절)

_____

_____

_____

2 반대와 박해에도 불구하고 담대히 복음을 전할 수 있었던 이유는 무엇입니까?(52절)

_____

_____

_____

_____

3 성령의 충만함을 받는 것과 기쁘고 신나게 신앙생활을 하는 것에는 어떤 연관성이 있습니까?

_____

_____

_____

신나게 신앙생활하고 있습니까, 억지로 신앙생활하고
있습니까?

Day 5

누구든지 새로운 시대를
열 수 있다

✝ **핵심 구절**   빌기를 다하매 모인 곳이 진동하더니 무리가 다 성령이
충만하여 담대히 하나님의 말씀을 전하니라(행 4:31).

📖 **읽을
거리**   성령 충만함은 그 어떤 자격 제한이나 직분 제한, 혹은
나이 제한이나 성별 제한을 두지 않습니다. 하나님은
특정한 사람에게만이 아니라 모든 육체에 성령을 부어
주겠다고 말씀하십니다.

"말세에 내가 내 영을 모든 육체에 부어 주리니 너희의 자녀들은

예언할 것이요 너희의 젊은이들은 환상을 보고 너희의 늙은이들은 꿈을 꾸리라"(행 2:17). 연령 제한이 없습니다. 또 사람을 차별하지 않습니다. "내가 내 영을 내 남종과 여종들에게 부어 주리니"(행 2:18).

구약에서는 특정한 사람이 특별한 임무를 수행하도록 일시적으로 성령을 부어 주셨습니다. 그러나 신약에서는 달라졌습니다. 새로운 시대가 열렸습니다. 모든 육체에게 성령을 부어 주십니다. 마가의 다락방에 모였던 120명은 사도들뿐 아니라 일반인들도 있었습니다. 그들 모두 단 한 명의 예외 없이 성령을 체험했습니다. 하나님은 마지막 시대에 모든 이들을 들어 사용하고 싶어하십니다. 때가 급합니다. 영적으로 열려 적극적으로 반응하면 하나님은 우리에게 성령을 부어 주십니다.

사실 성령이 임하지 않으면 그 어떤 직분도 아무런 쓸모가 없습니다. 성령의 임재나 사로잡힘의 역사가 없으면 아무것도 할 수 없습니다. 우리는 자신의 힘으론 아무것도 이룰 수 없는 사람들입니다. 이 사실을 빨리 인정해야 합니다. 안 되는데 자기의 힘만 믿고 몸부림치는 것은 시간 낭비일 뿐입니다.

성령을 사모하고, 성령을 구하고, 성령이 임하시면 육신의 생각에만 갇혀 있던 내 영혼이, 박약한 의지만 믿고 살던 내 삶이 깨끗하게 청산됩니다. 얄팍한 자신의 경험에 근거한 판단과 지식의 울타리를 벗어나 새로운 역사를 체험하게 됩니다.

묵상
하기

1 하나님께 무엇을 간구했습니까?(29, 30절)

_____

_____

_____

_____

2 하나님께서는 어떻게 응답해 주셨습니까?(31절)

_____

_____

_____

_____

3 성령의 충만함을 받은 사람들의 모습을 살펴보십시오.(31-35절)

_____

_____

_____

_____

성령으로 충만합니까? 성령의 충만함을 사모하는 기도
를 드립시다.

_____

_____

_____

_____

_____

_____

_____

_____

_____